QUE SAIS-JE ?

La laïcité

GUY HAARSCHER
Professeur à l'Université libre de Bruxelles
et à la Duke University (États-Unis)

Troisième édition mise à jour

14ᵉ mille

DU MÊME AUTEUR

Traduction de l'allemand, notes introductives et postface de G. Lukács, *L'Âme et les formes,* Paris, Gallimard, « Bibliothèque de Philosophie », 1974, 353 p.
Traduction de l'allemand (en collab. avec R. LEGROS) et présentation de : G. Lukács, *Le jeune Hegel,* Paris, Gallimard, « Bibliothèque de Philosophie », 1981, 2 vol., 385 et 446 p.
L'ontologie de Marx, Bruxelles, Éditions de l'ULB, 1980, 303 p.
Égalité et politique, Bruxelles, Bruylant, Travaux du Centre de philosophie du droit, 1982, 126 p.
Philosophie des droits de l'homme, Éditions de l'Université de Bruxelles, 1987 (2ᵉ éd. avec une postface originale : 1989 ; 4ᵉ éd. révisée : 1993), 168 p.
La raison du plus fort. Philosophie du politique, Bruxelles, Éd. Mardaga, 1988, 176 p.
Le fantôme de la liberté, Bruxelles, Éd. Labor, 1997, 93 p.
Philosophie du droit (en collab. avec B. Frydman), Paris, Dalloz, 1998, 138 p. (2ᵉ éd., 2001).
Les démocraties survivront-elles au terrorisme ?, Bruxelles, Éd. Labor, 2002.

ISBN 2 13 053915 7

Dépôt légal — 1ʳᵉ édition : 1996
3ᵉ édition mise à jour : 2004, janvier

© Presses Universitaires de France, 1996
6, avenue Reille, 75014 Paris

INTRODUCTION

Le concept de laïcité est à la fois très large et très étroit. Large : il concerne en première analyse les régimes respectant la liberté de conscience, au sens où ceux-ci impliquent que l'État n' « appartienne » pas à une partie de la population, mais à tous, au peuple (*laos,* en grec), sans que les individus puissent être discriminés en fonction de leurs orientations de vie. Étroit : si le terme même et le combat contre le cléricalisme religieux auquel il renvoie font fortement sens dans la tradition française, où, en plus de l'affirmation de la liberté religieuse, il renvoie à une séparation de l'État et des confessions, de nombreux autres pays, qui respectent strictement la liberté de conscience et le principe de non-discrimination, l'ignorent. Pourtant, les États-Unis par exemple, faute de connaître le mot, ont très tôt mis la chose en pratique : ils ont « laïcisé » l'État fédéral[1] en le rendant indépendant des confessions bien avant de nombreux pays européens, dont la France elle-même. Le Premier Amendement (1791) à la Constitution américaine garantit la séparation des Églises et de l'État fédéral, l'absence de toute religion établie *(established religion),* c'est-à-dire politiquement privilégiée, et la pleine liberté de conscience.

---

1. Mais non les États *fédérés* : ceux-ci n'ont été constitutionnellement tenus de respecter la liberté religieuse que quand furent ajoutés les Amendements postérieurs à la guerre de Sécession de 1861-1864.

C'est la fameuse « théorie du mur ». Déjà la *Déclaration des droits* de Virginie (1776) proclamait :

« La religion ou le culte dû au Créateur, et la manière d'y satisfaire, ne peuvent être dirigés que par la raison et la conviction, jamais par force et par violence. En conséquence, tout homme doit jouir de la pleine liberté de conscience, et la même liberté doit s'étendre également à la forme du culte que sa conscience lui dicte... »[1]

La Constitution américaine de 1787 elle-même (art. 6) exclut le « *religious test* », c'est-à-dire la discrimination religieuse en matière d'emplois publics.

« Aucune déclaration religieuse spéciale ne sera jamais requise comme condition d'aptitude aux fonctions ou charges publiques sous l'autorité des États-Unis. »

Il ne faudra donc pas s'attacher uniquement aux mots, à une tradition particulière (française) d'émancipation – par la séparation – vis-à-vis d'un catholicisme dominant.

Qu'est-ce, en première approche, que la laïcité ? Elle renvoie essentiellement à un concept *politique* : l'État « laïque » (au sens le plus général du terme) ne privilégie aucune confession, et plus généralement aucune conception de la vie bonne, tout en garantissant la libre expression de chacune, dans certaines limites. En matière de conscience, l'autorité politique peut en effet avoir *grosso modo* deux fonctions très différentes. D'une part, elle est susceptible de servir une vision du monde, une conception du Bien : dans ce cas, elle joue le rôle d'un bras séculier, c'est-à-dire d'un pouvoir agissant dans le « siècle », dans le « monde », pour im-

---

1. Cité par E. Poulat, *Liberté, laïcité. La guerre des deux France et le principe de la modernité,* Paris, Le Cerf, 1987, p. 81.

poser une telle vue à ceux qui n'y adhéreraient pas spontanément, en conscience. Il faut reconnaître que les États ont traditionnellement joué ce rôle et le jouent encore souvent aujourd'hui : le politique fut longtemps subordonné, de façon plus ou moins parfaite et non sans conflits, à une religion dominante. Cette dernière, s'enracinant dans la transcendance, s'imposait aux ordonnancements purement humains : dans l'univers intellectuel du créationnisme monothéiste en particulier, la Loi du Créateur prévaut logiquement sur celle de la créature, le droit divin sur le droit des hommes.

Mais le XXe siècle nous a appris, si besoin en était encore, que la présence d'une religion dominante n'était pas nécessaire à l'établissement d'un pouvoir politique instrument d'une conception du monde : le communisme, sous sa forme stalinienne, nous a même donné l'exemple d'un athéisme officiel s'imposant aux récalcitrants d'une façon infiniment plus efficace que les religions traditionnelles. Celles-ci, en effet, reposaient toujours sur un fondement mythique, lequel faisait d'une façon ou d'une autre obstacle à la modernisation de la société. Mais quand le « désenchantement du monde » (Max Weber), la crise des religions et leur retrait (partiel) dans le monde privé se sont manifestés, de tels phénomènes ont été corrélatifs d'un développement spectaculaire de la techno-science, notamment (mais, bien sûr, pas uniquement) dans sa dimension de contrôle social. C'est la raison pour laquelle le XXe siècle a pu donner naissance à des totalitarismes (visant au contrôle total du social) bien plus efficacement liberticides que les traditionnels despotismes à base religieuse. Cette constatation nous mènera d'ailleurs au cœur de la question de la science moderne : s'il est évident qu'elle a nourri la pensée critique, et a par conséquent contribué à la destruction progressive des positions politiquement dominantes de la religion, la science a aussi rendu possible la maîtrise radicale de la société, c'est-à-dire l'instrumentalisation quasi parfaite des hommes au profit d'un pouvoir à vocation dominatrice.

Voici donc le rôle le plus fréquent du politique : possédant le monopole de la violence légitime, il exerce cette dernière au profit d'une conception particulière de la vie bonne. Le rôle « laïque » (au sens large) de l'État est tout différent : dans ce cas, il ne vise plus à imposer les vues d'une partie de la société au reste de la population par la voie de la contrainte, mais il se fonde tout d'abord sur l'idée suivant laquelle, en matière d'orientations d'existence, la contrainte politique est radicalement illégitime. L'autonomie de la conscience est donc proclamée. Mais, dès lors, quel est le rôle de l'État en ce qui concerne ces questions de recherche de la « sagesse », décisivement arrachées à sa sphère au profit de celle de la conscience individuelle et du for interne ? Ce rôle consiste en ceci : permettre à ceux qui sont plus faibles, moins nombreux ou peu acceptés de jouir d'une telle liberté. En d'autres termes, l'État joue ici le rôle d'un arbitre[1] : il ne prend pas parti pour une conception de la vie bonne mais agit de telle sorte que personne ne puisse imposer la sienne à autrui. L'État renonce à user de la violence pour imposer une orientation de vie officielle, mais il use de son monopole de la contrainte pour empêcher les « particuliers » de faire de même. Il se contrôle lui-même, limite ses potentiali-

1. Je montre plus loin les *limites* d'une conception de l'État-arbitre dans la perspective de la citoyenneté républicaine.

tés absolutistes, et contrôle la société. Il n'opère plus au nom d'une conception particulière mais au nom de toutes, il représente la totalité du *laos* et non un groupe défini, une conception « établie » de l'existence.

On conçoit qu'une telle définition générale de la laïcité en tant que concept politique doive être précisée pour s'accorder avec l'histoire concrète de la notion et des combats qui, à des titres différents dans chaque pays, l'ont incarnée dans la réalité sociale. Mais il m'a semblé nécessaire d'entamer la discussion sur des bases larges, à partir d'une position claire, fût-elle provisoirement trop simplifiée pour les besoins de la pédagogie. Et même à ce niveau de généralité, on peut déjà soutenir que la réalisation d'un tel idéal pose d'immenses problèmes : quelles bases sociales, culturelles, institutionnelles, voire économiques sont-elles nécessaires à la consolidation d'un tel régime de liberté de conscience ? Pour y voir plus clair, il sera nécessaire de nous pencher sur le concept de laïcité *sensu stricto,* au sens français du terme, pour pouvoir en marquer l'éventuelle spécificité par rapport à d'autres expériences modernes d'émancipation de la conscience par rapport au politique.

Chapitre I

LA LAÏCITÉ FRANÇAISE

I. – L'Ancien Régime et le gallicanisme

La laïcité présuppose donc la séparation du juste et du Bien, c'est-à-dire de la sphère politique, qui est au service de tout le *laos,* d'une part, des conceptions de l'existence relevant de la seule conscience et par conséquent non imposables à autrui, d'autre part. Dans la sphère du Bien se situent notamment les religions, c'est-à-dire les conceptions suivant lesquelles la morale possède un fondement transcendant, s'incarnant dans une entité en quelque manière ontologiquement supérieure aux hommes ordinaires, et échappant dès lors par principe à leur juridiction. Et, plus particulièrement encore, la religion catholique romaine délègue à une autorité terrestre – celle de l'Église et, en ultime instance, du pape – le soin d'interpréter (c'est le *magistère*) les textes sacrés de façon à orienter la vie des croyants. La plupart des religions sont ou ont été « politiques », c'est-à-dire ont tenté, au nom d'une vérité jugée sacrée englobant tous les aspects de l'existence, de s'annexer le pouvoir de contrainte propre au « bras séculier » pour éradiquer le Mal. Mais la religion catholique est, pour ainsi dire, *doublement* politique : non seulement elle fut longtemps dominante en Europe et imposa son credo par la voie de la contrainte, notamment à l'époque de l'Inquisition, mais son organisation même possède des traits éminemment politiques en un autre sens : le pape, chef d'un État certes bien diminué depuis l'unification de l'Italie et la « prise de Rome » (1870), incarnait mieux que toute instance terrestre le rôle politique du religieux. Or l'Église se reposait aussi, comme la plupart des religions, sur les États : elle désirait avoir les Princes à sa dévotion et, inversement, ces derniers prétendaient incarner eux-mêmes l'ordre divin sur terre. Si bien qu'un conflit inéluctable devait naître entre les prétentions « universalistes » (catholiques) de la papauté et celles des princes chrétiens. On ne peut comprendre l'histoire française de la laïcité sans garder présente à l'esprit une telle situation. La France s'est partiellement détachée de la papauté dès le moment où le pouvoir des rois l'a permis, c'est-à-dire à partir de Philippe le Bel, qui régna de 1285 à 1314 : ce dernier s'opposa à l'ingérence pontificale dans les affaires françaises lors de son conflit avec Boniface VIII et inaugura une politique d'indépendance par rapport à Rome. C'est l'origine de ce que l'on appelle le *gallicanisme,* c'est-à-dire l'idée suivant laquelle le roi de France ne reconnaît ici-bas aucune juridiction supérieure. Le gallicanisme se manifesta par la « Pragmatique Sanction de Bourges » (1438), édit de Charles VII dirigé contre l'autorité des papes. Le Concordat de 1516 partagea le pouvoir de nomination des « princes de l'Église » entre le roi et le pape[1]. Le gallicanisme se consolida avec Richelieu, puis atteignit son apogée sous Louis XIV, soutenu par les doctrines de Bossuet : ce dernier rédigea la

---

1. D. Beresniak, *La laïcité,* Paris, J. Grancher, 1990, p. 40.

Déclaration du Clergé de France de 1682, laquelle indiquait que le pape et l'Église n'ont de pouvoir « que sur les choses spirituelles et qui concernent le salut éternel, et non point sur les choses civiles et temporelles... Les rois et les souverains ne sont soumis dans les choses temporelles à aucune puissance ecclésiastique par l'ordre de Dieu »[1].

Le monarque de droit divin disputait donc à Rome le titre de chef spirituel et temporel de ses sujets (obligatoirement) chrétiens (et même catholiques avant la proclamation de l'édit de Nantes de 1598, ainsi que depuis sa révocation en 1685). Ainsi, le gallicanisme ne signifie pas immédiatement et nécessairement un progrès de la « laïcité » au sens de la « décatholicisation » de la sphère politique : il consiste seulement à arracher à la religion catholique *l'une* de ses dimensions politiques, c'est-à-dire sa dépendance vis-à-vis d'une autorité politique étrangère. Les avanies subies par les Jésuites, notamment en France (la Compagnie y fut supprimée en 1764), s'expliquent en grande partie par un tel état de choses. La monarchie française s'est identifiée jusqu'à peu avant la Révolution[2] à la domination d'un catholicisme « établi » : l'État contrôlait l'Église gallicane, mais en retour cette dernière possédait des privilèges éminents (elle contrôlait l'enseignement, le clergé formait le premier ordre du royaume, etc.). C'est contre une telle position de l'Église que la laïcité s'est progressivement affirmée.

1. Cité par M. Barbier, *La laïcité,* Paris, L'Harmattan, 1995, p. 20.
2. L'édit de Tolérance de novembre 1787 reconnaît qu'il existe des « non-catholiques » dignes d'être reconnus comme « bons sujets » et de bénéficier d'un état civil (Beresniak, *op. cit.,* p. 46). Le premier édit de Tolérance en Europe fut promulgué par Joseph II en 1782. Avant cela, une certaine tolérance de fait régnait dans les États de Frédéric II de Prusse.

II. – **La Révolution et la Constitution civile du clergé**

On peut, de ce point de vue, distinguer plusieurs moments logiques et temporels. À la Révolution française, l'Église se trouve sur la défensive. Le décret du 12 juillet 1790 sur la *Constitution civile du clergé* la divise profondément, le clergé dit « réfractaire » empêchant qu'elle puisse se rallier globalement au nouveau régime. L'Église constitutionnelle se trouve soumise à divers égards au contrôle du peuple, c'est-à-dire de l'État : paradoxalement, c'est au moment où le catholicisme n'est plus religion d'État qu'il se trouve plus que jamais incorporé à la sphère politique. Les évêques sont élus par le corps électoral du département, les curés par celui du district. Le traitement des ministres de la religion est assigné par la Nation. À cela s'ajoute la perte des bénéfices et privilèges, dans la suite logique des événements de la nuit du 4 août 1789. Il s'agit donc d'une sorte de « gallicanisme » extrême, de soumission radicale de l'Église au politique, avec la nouveauté consistant en ce que l'État, cette fois, ne se présente plus officiellement comme le meilleur défenseur de l'Église française, tout au contraire. La liberté religieuse a en effet été proclamée par l'article 10 de la Déclaration des droits de l'homme et du citoyen du 26 août 1789 (« Nul ne doit être inquiété pour ses opinions, même religieuses, pourvu que leur manifestation ne trouble pas l'ordre public établi par la loi »). Le décret du 24 décembre 1789 porte que « les non-catholiques pourront être électeurs et éligibles aux conditions fixées, qu'ils sont capables de tous emplois civils et militaires, comme tous les autres citoyens… ». Mais cette émancipation vaut seulement pour les protestants, les Juifs en étant explicitement exclus[1]. Ce n'est qu'après un long combat, tout à la fin de la période de la Constituante, que, par le décret du 27 septembre 1791, les Juifs furent émancipés[2]. Il faut noter ici que la logique spécifiquement française de laïcisation commence à s'incarner dans le propos célèbre de Clermont-Tonnerre, remarquable avocat de l'émancipation des Juifs : « *Il faut refuser tout aux Juifs comme nation, et accorder tout aux Juifs comme individus*. Il faut qu'ils ne fassent dans l'État ni un corps politique ni un ordre. Il faut qu'ils soient individuellement citoyens... »[3] : si l'État doit se séparer (encore très imparfaitement à l'époque) des « confessions », il faut du même coup que ces dernières abandonnent tout privilège politique, et que leurs membres apparaissent comme des citoyens égaux aux autres, politiquement loyaux à la seule patrie et non à leurs attachements désormais privés[4]. Une telle reconnaissance de la liberté de conscience – reconnaissance partielle, puisqu'elle ne s'appliquait pas encore vraiment aux athées[5] – ne signifiait nullement, au départ, un aban-

1. Cf. R. Badinter, *Libres et égaux. L'émancipation des Juifs (1789-1791)*, Paris, Fayard, 1989, p. 163.
2. *Ibid.*, p. 117-138 et 213-221.
3. *Ibid.*, p. 149. Souligné dans le texte.
4. Rebwell, député de Colmar, adversaire de l'émancipation, dit : « Que pensez-vous d'individus qui veulent devenir Français et cependant conserver des administrateurs juifs, des notaires juifs, le tout exclusivement ; qui veulent avoir d'autres lois sur les successions, sur les tutelles, sur la majorité, etc., que les Français, leurs voisins... Vous voyez que ce n'est pas moi qui exclus les Juifs. Ils s'excluent eux-mêmes » (*ibid.*, p. 144).
5. Portalis défend le pluralisme religieux, mais dit ceci : « Le scepticisme de l'athée isole les hommes autant que la religion les unit ; il ne les rend pas tolérants mais frondeurs ; il dénoue tous les fils qui nous attachent les uns aux autres (...) il fortifie l'amour-propre et le fait dégénérer en un sombre égoïsme ; il substitue des

don des positions dominantes du catholicisme, religion du roi. Mais la radicalisation du mouvement révolutionnaire, corrélative de celle du clergé « réfractaire », allait provoquer une fracture importante. À cela s'ajoutent le mouvement de déchristianisation et les cultes révolutionnaires (culte de la République, culte de la déesse Raison, culte robespierriste de l'Être suprême[1]...).

Un élément important de perte des positions de pouvoir de l'Église dans l'État (au titre des service publics dont elle se chargeait précédemment) fut constitué par la laïcisation de l'état civil, décidée par la Constitution de 1791 :

> « La loi ne considère le mariage que comme contrat civil. Le Pouvoir législatif établira pour tous les habitants, sans distinction, le mode par lequel les naissances, mariages et décès seront constatés ; et il désignera les officiers publics qui en recevront et conserveront les actes. »[2]

III. – Une première séparation

Le Directoire inaugura une première formule de séparation de l'Église et de l'État. Selon l'article 354 de

doutes à des vérités ; il arme les passions et il est impuissant contre les erreurs (...) il mène par la licence des opinions à celle des vices ; il flétrit le cœur ; il brise tous les liens, il dissout la société » (J. Baubérot, *Vers un nouveau pacte laïque ?*, Paris, Éd. du Seuil, 1990, p. 43).

1. Il faut noter que Robespierre instaura ce culte au printemps 1794, peu avant sa chute, et qu'il le conçut au moins en partie contre les excès liés au culte de la Raison (il brûla solennellement le monstre de l'athéisme avant d'invoquer l'Auteur de la nature sur le Champ-de-Mars).
2. Cité par M. Barbier, *op. cit.,* p. 31. Ce décret anticipe, bien entendu, les dispositions de droit des personnes du Code civil de 1804.

la Constitution de l'an III (1795), élaborée par la Convention thermidorienne :

« Nul ne peut être empêché d'exercer, en se conformant aux lois, le culte qu'il a choisi. Nul ne peut être forcé de contribuer aux dépenses d'un culte. La République n'en salarie aucun. »

Cette séparation, assez intolérante en particulier vis-à-vis des manifestations extérieures du culte, fut remplacée, en 1801, par le système dit « concordataire », lequel gouverna les relations État/Églises pendant plus de cent ans, jusqu'en 1905 (il subsiste aujourd'hui, pour des raisons historiques, dans les départements d'Alsace-Lorraine – Bas-Rhin, Haut-Rhin, Moselle –, devenus allemands entre 1871 et 1918).

IV. – **Le régime concordataire**

En 1801, Napoléon conclut donc avec le Vatican un Concordat. Celui-ci, complété par des « articles organiques », fut promulgué en 1802. Le régime concordataire concernait en premier lieu la religion catholique, mais également deux cultes protestants (luthérien et calviniste), ainsi que la religion judaïque[1]. Les autres cultes étaient tolérés, non reconnus officiellement, de la même manière que l'indifférentisme, voire l'athéisme. La religion catholique, « religion de la grande majorité des Français », n'était plus religion d'État (elle le redevint en 1814, puis perdit à nouveau ce statut en 1830), mais l'État

---

1. En réalité, les cultes non catholiques n'étaient, bien entendu, pas concernés par le Concordat avec le pape. Ce sont les « articles organiques » seuls qui s'appliquaient à eux.

lui prêtait son appui, nommait les évêques (auxquels le pape donnait ensuite l'institution canonique) qui prêtaient serment de fidélité au gouvernement. Les curés étaient nommés à leur tour par les évêques, mais avec l'agrément du gouvernement, et prêtaient également serment de fidélité à l'autorité civile. Le pape acceptait l'aliénation des biens ecclésiastiques, et, à titre de compensation, le gouvernement versait un traitement aux évêques et curés ; il permettait en outre les fondations en faveur des Églises. L'Église, sans être d'État, était donc reconnue officiellement, mais en contrepartie l'État contrôlait de façon assez stricte son organisation et ses activités. Les protestants recevaient également un traitement. Le culte judaïque fut organisé par une loi de 1808, mais ce n'est que sous la monarchie de Juillet que ses ministres reçurent un traitement. Nous verrons tout au long de cette étude que l'égalité des hommes en matière éthique n'est pas automatiquement impliquée par l'affirmation de la liberté de conscience, c'est-à-dire par le refus du *compelle intrare* (« forcez-les d'entrer » dans l'Église[1]) : une religion peut conserver des privilèges particuliers face aux autres confessions, même si ces dernières se manifestent en pleine liberté. Aujourd'hui encore, la religion anglicane est « établie » en Grande-Bretagne (la reine en est le chef), et au Danemark le luthéranisme est, aussi

1. « Et le seigneur dit à l'esclave : "Sors sur les chemins et le long des clôtures, et force les gens à entrer, pour que ma maison soit remplie" » (*Évangile selon Luc*, XIV, 23). Et aussi : « La contrainte extérieure fera naître à l'intérieur la bonne volonté » (Augustin, *Sermons*, CXII, 8). La meilleure réfutation philosophique du *compelle intrare* est celle du *Commentaire* de Pierre Bayle (1686-1687). Cf. R. Joly, *Origines et évolution de l'intolérance catholique*, Bruxelles, Éd. de l'Université, 1986, p. 81 sq.

paradoxal que cela paraisse, religion *d'État*[1]. En France, dans le courant du XIXᵉ siècle, c'est la lutte contre la position privilégiée du catholicisme (en particulier dans l'enseignement), malgré le régime de liberté de conscience et l'égalité formelle des cultes reconnus, qui constituera le moteur du mouvement de laïcisation : l'État n'est pas encore celui de tout le *laos* tant qu'une confession qui, certes, ne s'impose plus aux récalcitrants par le bras séculier du politique, possède une position institutionnellement dominante. Tout le problème consistera à se demander si l'État est déjà « laïque » quand il reconnaît les différents cultes sans discrimination, ou s'il est nécessaire d'établir une séparation véritable entre les différentes confessions, d'une part, la sphère publique, d'autre part. Le propre de la laïcité « à la française » a justement consisté, au début du XXᵉ siècle, à défendre cette dernière approche. Une conception plus « pluraliste » – le régime concordataire peut en fournir un exemple approximatif –, selon laquelle l'État reconnaît et aide d'une manière ou d'une autre les différents cultes, est étrangère à l'idée de laïcité-séparation. Mais elle tendra à (re)pénétrer la laïcité française, confrontée aux problèmes de la fin du XXᵉ et du début du XXIᵉ siècle, sous la forme des exigences d'une « nouvelle laïcité ».

À la Restauration, l'Église renforcera, comme nous le verrons à propos de la question de l'école, son influence dans l'Université. Et, durant le Second Empire, l'importance politique du catholicisme s'ac-

---

1. En Finlande, le luthéranisme et la religion orthodoxe sont religions d'État. En 2000, la Suède a abandonné le système de la religion d'État au profit d'un régime de séparation.

croîtra, les cardinaux devenant membres de droit du Sénat. La question de savoir si le régime concordataire constitue, comme le soutien Jean Baubérot, une « première laïcisation » de la société, est controversée. Pour ce dernier, trois éléments définissent ce premier « seuil » :

« 1 / *La fragmentation institutionnelle :* la religion n'est plus une institution englobante, et l'État et la société ont une consistance en dehors de toute référence religieuse...

« 2 / *La reconnaissance de légitimité.* Il existe des "besoins religieux" socialement objectifs, dont la prise en charge est assurée par diverses institutions religieuses, les "cultes reconnus"...

« 3 / *La pluralité des cultes reconnus.* L'État est incompétent pour imposer des doctrines religieuses proprement dites... Tous les cultes reconnus sont juridiquement égaux. Ils peuvent coexister pacifiquement dans la société et contribuer à cimenter le tissu social. Il est même possible de se passer des "secours de la religion"...

La religion... est "dans l'État" alors que l'État n'est plus dans la religion. »[1]

En fait, Baubérot me semble surtout insister sur le mouvement général par lequel la religion perd dans la société sa position dominante : elle est « fragmentée institutionnellement » au sens où elle ne couvre plus, potentiellement, la totalité des sphères de la vie humaine ; la plupart des services publics lui échappent progressivement (ce sera le cas, par excellence, de l'école à partir des années 1980, mais c'est déjà celui de l'état civil[2]) ; l'égalité au moins formelle avec les

---

1. J. Baubérot, *op. cit.,* p. 44-45.
2. Il faut évidemment tenir compte des processus de régression qui se manifestèrent au XIXe siècle : le divorce fut par exemple interdit de 1815 à 1884.

autres cultes reconnus ainsi que la réaffirmation de la liberté de conscience dissocient progressivement dans les mentalités et dans les faits l'union de l'Église et de l'État, et séparent la qualité d'homme religieux de celle de bon citoyen. Certes, le cas de la France d'Ancien Régime était spécifique (mais non unique), puisque le gallicanisme impliquait que la religion fût au moins autant « dans » l'État que l'État « dans » la religion : il s'agissait d'un système par lequel monarchie et Église nationale s'appuyaient l'une sur l'autre, et c'est cette union (souvent conflictuelle) qui se dissocie progressivement. Mais il faut bien dire qu'un tel processus est plus historique et sociologique que strictement juridique, et que ce n'est pas le régime concordataire qui l'a engendré : le Concordat est d'ailleurs muet sur la question de l'école, qui va de façon décisive accélérer le mouvement de laïcisation, et le Code civil de 1804 en est indépendant.

V. – **La loi de 1905**

La loi de Séparation des Églises et de l'État de 1905 met fin au régime concordataire (sauf dans les départements d'Alsace-Moselle, alors sous souveraineté allemande). Elle dissocie la religion du pouvoir civil en abolissant le statut public des Églises (le régime dit des cultes reconnus). La République ne reconnaît, ne salarie ni ne subventionne aucun culte. Le budget des cultes est supprimé, le service des cultes disparaît, le chef de l'État ne nomme plus les évêques ; honneurs, préséances et privilèges de juridiction sont abolis. Des aides financières pour des activités non cultuelles (par exemple, culturelles) sont certes encore possibles, de même que concernant les aumôneries (il s'agit d'assurer la liberté de culte pour ceux qui ne peuvent librement sortir d'un lieu donné : école, asile, hospice, caserne, prison). La loi garantit la liberté de conscience et la liberté de culte, mais elle supprime les établissements publics du culte (fabriques, etc.), remplacés par des *associations cultuelles* régies par la loi de 1901, mais soumises à des contraintes supplémentaires : elles devaient, au départ, être organisées dans le cadre des communes, ce qui risquait de morceler l'Église. Les protestants et les Juifs acceptèrent de constituer ces associations. Mais l'Église catholique en combattit vivement le principe : le pape y voyait non pas « le corps hiérarchique institué divinement par le Sauveur, mais une association de personnes laïques ». Pie X rejeta donc les associations cultuelles : elles mettaient en cause le principe d'autorité dans l'Église en confiant en quelque sorte le pouvoir à la base. Elles manifestaient, selon les catholiques les plus conservateurs, une opposition radicale entre la modernité (le pouvoir démocratique du peuple) et l'Église (l'autorité hiérarchique du pape, renforcée par la proclamation, relativement récente, d'infaillibilité en matière de foi au Ier concile du Vatican, en 1869-1870). Bref, cette situation contredisait pour eux l'article 4 de la loi, qui parlait des

« ... associations qui, *en se conformant aux règles d'organisation générale du culte dont elle se proposent d'assurer l'exercice,* se seront légalement formées... »[1].

L'Église refusa donc de constituer les associations cultuelles. Mais des mesures qui lui étaient favorables

---

1. Cf. J. Boussinesq, *La laïcité française,* Paris, Éd. du Seuil, coll. « Points-Essais », 1994, p. 32 ; je souligne.

furent bientôt prises : le culte put, par une loi du 2 janvier 1907, être organisé au moyen non plus d'associations cultuelles, mais d'associations de droit commun de la loi de 1901 ou par des « réunions tenues sur initiative individuelle » sous le régime des réunions publiques de la loi de 1881. Mais cette dernière prévoyait une déclaration préalable, laquelle fut d'abord exigée seulement annuellement, puis supprimée en mars 1907. Au lendemain de la Première Guerre mondiale, la France et le Vatican reprirent leurs relations diplomatiques, qui avaient été rompues en 1904, donc avant la loi de Séparation. Un compromis fut trouvé en 1921 sous la forme d'*associations diocésaines,* lesquelles respectaient l'ordre hiérarchique de l'Église (elles étaient sous l'autorité de l'évêque qui les présidait de droit et en présentait les membres). Le Conseil d'État émit un avis favorable à leur propos en 1923, et le pape, par une encyclique du 18 janvier 1924, les accepta. Beaucoup de laïques ont considéré qu'il s'agissait là d'un affaiblissement inacceptable du principe de séparation, l'État se résignant, dans le cas de la religion catholique, à tenir compte de sa « constitution » non démocratique. Mais ce compromis a aussi permis une certaine pacification des esprits et la consolidation du ralliement des catholiques à la République (l'épisode de Vichy mettant à nouveau en question la solidité de cette loyauté).

La République ne reconnaît donc aucun culte. Ainsi les Églises sont-elles devenues des entités privées. La liberté de culte est garantie, mais ses manifestations publiques (importantes dans le cas du catholicisme) sont laïcisées : attribution de la police des cimetières aux maires, réglementation des sonneries de cloches, interdiction d'apposer des signes et emblèmes religieux sur les monuments publics, réglementation des processions, etc. C'est un tel régime de séparation (même édulcoré, comme on l'a vu à propos des associations diocésaines) qui forme la spécificité de la laïcité républicaine française. Nous verrons dans la suite combien la situation est différente dans d'autres pays démocratiques modernes, ce qui ne signifie pas que les principes de la liberté de conscience et de l'égalité devant la loi y soient nécessairement moins bien respectés.

VI. – **La constitutionnalisation de la laïcité**

La Constitution de 1946 confirme le principe de neutralité et de laïcité, déjà d'application (v. *infra*) en matière scolaire. Selon l'article 2 de la Constitution de 1958 :

« La France est une République... laïque. Elle assure l'égalité devant la loi de tous les citoyens, sans distinction d'origine, de race ou de religion. Elle respecte toutes les croyances. »

Quelle est la transformation qui a eu lieu quand la laïcité « législative » (loi de 1905) est devenue « constitutionnelle » ? Qu'est-ce qui a suscité un ralliement général à ce principe, alors qu'il avait été vécu au début du siècle comme un combat mettant aux prises ses partisans et ses détracteurs ? Si on lit bien les discours prononcés à l'occasion de la constitutionnalisation de la laïcité, on doit incontestablement noter, de la part de l'Église, un changement de perspective. Celle-ci, en effet, avait vécu la séparation comme une agression et, on l'a vu, en particulier comme une atteinte à la fois à sa position dominante de gardienne des vraies valeurs sur lesquelles devait se construire toute société juste, et à son principe hiérarchique (jusqu'à la formation des associations diocésaines dans les années 1920). En fait, l'Église s'est progressivement « convertie » à la laïcité (ce qui a permis l'accord quasi général menant à sa constitutionnalisation : la France est une république laïque). Elle y a vu, petit à petit, une protection ou, en tout cas une sorte de cran d'arrêt à la déchristianisation de la société, une garantie que la séparation ne s'opérerait plus dans un sens « néo-gallican », c'est-à-dire par la domination d'un État qui, contrairement à la monarchie d'Ancien Régime, n'incarnait plus pour lui-même, comme l'avaient fait les rois « de droit divin », le principe chrétien. C'est que l'Église a de plus en plus identifié la laïcité à une position de neutralité de l'État, plutôt qu'à une séparation stricte. Comme l'écrit Maurice Barbier, la *laïcité-séparation* a fait progressivement place à la *laïcité-neutralité*. En effet, l'Église (et, souvent, les confessions minoritaires également) a compris tout ce qu'elle pouvait tirer d'une réinterprétation du vieux concept de neutralité (déjà utilisé durant la période de laïcisation des écoles, dans les années 1880-1900). Il permettait en quelque sorte de rappeler aux laïques le double sens de l'idée de laïcité : indépendance de l'État par rapport aux religions, *mais aussi liberté des confessions* (et des conceptions de la vie bonne en général) *par rapport à l'emprise du politique*. Autrement dit, l'Église n'a pas voulu subir à son tour le sort qui avait été celui de tous les « dissidents » (protestants, Juifs, libres-penseurs...) du temps de sa domination[1]. La loi de 1905 a certes, en un sens, ac-

---

1. En fait, ce tournant s'était déjà produit à l'état embryonnaire dès la Restauration, quand des catholiques réclamaient la liberté de l'enseignement contre le monopole napoléonien. Voir *infra*.

compli la Révolution française en séparant les questions politiques des questions éthiques, la République accédant de ce fait au statut de garante de l'intérêt général du *laos*. Mais un tel accomplissement est lui-même susceptible de plusieurs interprétations : d'ailleurs, ni la Constitution de 1946 ni celle de 1958 ne *définissent* le concept de laïcité. Si bien que les catholiques ont pu en défendre le principe en le reliant à l'idée de liberté religieuse, seconde face, si l'on peut dire, de la médaille laïque : l'État n'est pas véritablement séparé des conceptions de la vie bonne tant qu'il se fait le porte-parole d'une morale, de valeurs, en particulier d'idéaux rationalistes et antireligieux. L'Église a eu à sa disposition un épouvantail bien commode sous la forme des régimes communistes, lesquels prônaient un athéisme officiel et persécutaient les communautés religieuses. Le communisme fournissait l'exemple du renversement que l'Église, si elle voulait subsister dans la société civile, se devait absolument d'éviter : la domination d'une religion séculière à la place de celle d'une religion de la transcendance, la répression des catholiques (et des Églises en général) au lieu de celle des non-catholiques, comme c'était le cas durant l'Ancien Régime. C'était pour ainsi dire le *compelle intrare* de Luc à la fois inversé et radicalisé : inversé (parce que, cette fois, c'étaient les anciens opprimés qui imposaient leur matérialisme « philosophique » aux Églises), mais également radicalisé, dans la mesure où le développement de la techno-science permettait un contrôle beaucoup plus rationnel de la société que celui de l'époque de l'Inquisition ou, plus tard, de la monarchie catholique. Face à de tels dangers de totalitarisme, les excès de la politique de séparation (d'ailleurs vite corrigés par la volonté de compromis de Briand et de Jaurès) apparaissaient comme bien bénins. Si bien que l'Église s'est ralliée aux droits de l'homme, lesquels lui permettaient de plaider en faveur d'un État neutre, respectant « toutes les croyances », garantissant la liberté religieuse, y compris la liberté d'enseignement.

En soi, une telle position n'implique certes pas une redéfinition radicale des conditions du combat laïque. Elle modifie plutôt les termes mêmes de ce combat : l'Église se veut, surtout depuis Vatican II, (partiellement) réconciliée avec la modernité, et les luttes de ceux qui, aujourd'hui, du sein du catholicisme même, dénoncent certains éléments de régression dans la politique de Jean-Paul II confirment plus qu'ils n'infirment un tel mouvement. L'ennemi de la laïcité, c'était hier le communisme « athée » ; c'est aujourd'hui l'intégrisme religieux, quelque forme qu'il prenne : encore une fois, face à un tel danger de « reconfusion » du politique et du religieux, les libres-penseurs et les catholiques progressistes sont dans le même camp. Cette constatation n'implique nullement que des divergences ne subsistent pas entre les vieux adversaires. Mais, d'une part, de tels désaccords sont normaux dans une société démocratique ; d'autre part, ils apparaissent sur le fond d'un espace commun et de règles du jeu librement acceptées – bref, de l'acceptation d'un État qui soit au service de tous et non d'une « croyance » (comme le dit la Constitution de 1958) particulière. Nous verrons cependant que cet espace « neutre », l'élément même de la laïcité « constitutionnelle », est lui-même susceptible d'interprétations divergentes : il est insuffisant de simplement soutenir que la laïcité forme une valeur commune et que les divergences n'apparaissent (légitimement dans les sociétés pluralistes) que sur le fond d'un tel accord général sur les rapports de la conscience et du politique. Cela est vrai, mais à maints égards naïf : il existe aujourd'hui des conceptions divergentes *de la laïcité elle-même,* qui donnent lieu à des débats dont ce que nous dirons plus loin de la querelle du « voile islamique » donnera un aperçu. Mais, justement, cette dernière polémique concerne l'école, élément essentiel du combat pour la laïcisation de la société.

VII. – **La question scolaire**

Il nous faut donc maintenant étudier de façon particulière l'un des domaines essentiels dans lequel s'est manifestée la laïcisation de la société : *l'école.* Le processus d'émancipation par rapport à la domination de l'Église s'y est engagé plus de vingt ans avant le vote de la loi de Séparation. Le premier grand combat de la laïcité a concerné l'éducation et l'enseignement. Comme le dira plus tard Léon XIII :

« L'école est le champ de bataille où se décide si la société restera ou non chrétienne. »

Comment, en effet, former des citoyens à la liberté et aux devoirs républicains si l'Église possédait un pouvoir considérable de façonnement des consciences ? C'était, bien sûr, le cas dans l'Ancien Régime, quand la position de l'Église « d'État » était dominante. En fait, l'Église n'a mis en place une « véritable armature éducative »[1] qu'en réaction à la Réforme. Les Jésuites en particulier, fer de lance de la Contre-Réforme, ont pour but la « direction des âmes ».

---

1. Cf. R. Labrusse, *La question scolaire en France,* Paris, PUF, coll. « Que sais-je ? », 1977, p. 29 (2ᵉ éd., 1997).

L'Église surveille l'orthodoxie de l'enseignement, censure les livres. « Tous les établissements sont placés sous la surveillance des chefs de congrégation ou des évêques. »[1] Le système éducatif s'organise pratiquement hors du contrôle de l'État. Bref, l'Église bénéficie d'un « monopole de fait »[2].

1. De la Révolution à la laïcisation. – À la Révolution, les vieilles Universités, qui géraient l'enseignement secondaire et supérieur, perdent leurs privilèges. L'Église est privée de son pouvoir sur les écoles, et ses biens sont mis à la disposition de la Nation par le décret sur la Constitution civile du clergé. Diverses autres mesures complètent le démantèlement des positions de l'Église. Mais un décret de la Convention (décembre 1793) marque un tournant : il affirme la liberté de l'enseignement, tout citoyen étant habilité, pourvu que certaines conditions soient respectées, à ouvrir une école. Ce principe sera réaffirmé par la Constitution de l'an III, mais le Directoire – et plus encore le Consulat – adopteront une attitude plus défavorable à l'enseignement libre. Le processus s'accomplira avec l'Empire, qui, lui, détruira la liberté de l'enseignement. Il s'agissait, comme le dit Guizot, de grouper

« en un corps qui leur prêtât sa force et sa grandeur tous les hommes chargés de l'enseignement ».

Ce « corps », ce sera l'Université impériale, disposant du monopole de l'enseignement. Mais les écoles de l'Université devront baser leur enseignement sur les « préceptes de l'Église catholique ». La loi du

---

1. *Ibid.*, p. 30.
2. *Ibid.*, p. 31.

10 mai 1806 porte que « nul ne peut ouvrir d'école et enseigner publiquement sans être membre de l'Université ». Cela vaut pour le supérieur et le secondaire. L'enseignement primaire échappe de fait à l'Université : il est sous la dépendance des Frères des Écoles chrétiennes, qui forment également les instituteurs. Les congréganistes y seront nombreux. De plus, « l'instituteur se trouve... placé naturellement sous la dépendance du curé »[1]. En 1814, nouveau tournant : la Restauration proclame la liberté de l'enseignement. L'Université, qui subsiste cependant, mais « pénétrée » par l'Église, est attaquée à la fois par les libéraux, critiquant une telle pénétration, et par les catholiques conservateurs, défenseurs intransigeants de la liberté de l'enseignement et refusant un tel vestige de l'Empire, même dominé par les cléricaux. La Charte de 1830 proclame à nouveau cette liberté. Dans l'enseignement primaire, à côté des écoles primaires publiques peuvent maintenant exister des écoles privées (et l'Église garde un contrôle de fait sur l'école primaire officielle). En ce qui concerne l'enseignement secondaire, la loi Falloux de 1850 y renforce la position de l'Église catholique. Les établissements libres, qui sont subventionnables, se multiplient. Par ailleurs, la loi Falloux confessionnalise encore plus l'enseignement primaire.

« La loi du 15 mars 1850 non seulement fait faire un premier pas à cette liberté de l'enseignement que nous réclamions avec tant d'insistance, mais elle a fait entrer le prêtre à tous les degrés dans la direction et la surveillance de l'enseignement officiel. »[2]

---

1. A. Prost, cité par J. Baubérot, *op. cit.,* p. 37-38.
2. Instruction de Mgr Parisis, citée par R. Labrusse, *op. cit.,* p. 36.

La liberté de l'enseignement supérieur sera proclamée par une loi de 1875. Après de vifs débats, le monopole de la collation des grades par l'État sera réaffirmé.

2. L'école publique : les lois Ferry. – La IIIe République diminue d'abord le pouvoir discrétionnaire de l'Église dans l'enseignement libre : celle-ci conserve sa liberté doctrinale, mais doit désormais « arriver à donner à ses élèves le même degré de connaissance que celui des élèves de l'enseignement public ». Mais c'est dans les années 1880 que les principes actuels de laïcité et de neutralité de l'enseignement sont mis en œuvre. À une (re)confessionalisation de l'enseignement répond un laïcisme militant. La loi du 28 mars 1882 substitue l' « instruction morale et civique » à l'instruction morale et religieuse. Les programmes sont laïcisés, les emblèmes religieux doivent être enlevés (mais le préfet peut agir de façon prudente et modérée en respectant les situations locales et en évitant la précipitation). La loi du 30 octobre 1886 laïcise le personnel enseignant dans le primaire. Pour l'enseignement secondaire, le principe de laïcité du personnel n'a qu'une valeur coutumière, consacrée par un arrêt du Conseil d'État de 1912. Le principe de laïcité est complété par le principe de *neutralité,* lequel peut faire l'objet de deux interprétations opposées. Il y a d'abord la conception défendue par Ferdinand Buisson :

« L'Église est logique, il faut être avec elle ou contre elle. L'école laïque n'est pas une chose sans nom ou sans caractère. Il faut opter : ou l'école rationaliste ou l'école cléricale. Il n'y a rien entre les deux. »[1]

---

1. *La lutte scolaire en France,* p. 264 (cité par C.-A. Colliard, *Libertés publiques,* Paris, Dalloz, 7e éd., 1989, p. 471). Buisson, qui

Il y a ensuite la « neutralité sereine », selon Jules Ferry :

« Au moment de proposer à vos élèves un précepte, une maxime quelconque, demandez-vous s'il se trouve, à votre connaissance, un seul honnête homme qui puisse être froissé par ce que vous allez dire. Demandez-vous si un père de famille, je dis bien un seul, présent à votre classe pourrait, de bonne foi, refuser son assentiment à ce qu'il entendrait dire. Si oui, abstenez-vous de le dire, si non, parlez hardiment car ce que vous allez communiquer à l'enfant, ce n'est pas votre sagesse, c'est la sagesse du genre humain... Le maître devra éviter comme une mauvaise action tout ce qui dans son langage ou dans son attitude blesserait les croyances religieuses des enfants confiés à ses soins, tout ce qui porterait le trouble dans leur esprit, tout ce qui trahirait de sa part envers une opinion quelconque un manque de respect ou de réserve. »[1]

On notera que cette opposition entre deux philosophies de la neutralité (même si les positions générales de Ferry et de Buisson sont plus complexes que ne le laissent apparaître ces brèves citations) est elle-même problématique et suscite, aujourd'hui encore, des discussions animées dans le camp des défenseurs de la laïcité : d'une part, l'idée d'une laïcité forte de ses convictions rationalistes, anticléricale (ce qui est normal) mais parfois aussi antireligieuse (ce qui est très discutable, dans la mesure où une partie du *laos* ne veut pas voir l'enseignement officiel dénigrer ses croyances : une chose consiste à retirer à la religion son pouvoir « politique », une autre à utiliser la sphère publique pour mener un combat antireligieux).

fut directeur de l'enseignement primaire jusqu'en 1896, publiera en 1912 un ouvrage intitulé : *La foi laïque*.
1. Instructions de 1883, *ibid.*

Jules Ferry, dont la conception dominera l'enseignement public en France, l'a bien compris, sans doute jusqu'à un point où sa proposition, tolérante et généreuse, risque de devenir intenable : « une opinion quelconque » (à respecter), ce n'est pas *n'importe quelle* opinion, puisqu'il en est qui offensent directement les valeurs humanistes et démocratiques[1]. Comment imaginer en effet, aujourd'hui, un professeur « neutre » vis-à-vis du nazisme et du libéralisme politique, ou encore à l'égard du fanatisme religieux et de l'ouverture d'esprit ? Nous verrons plus loin, quand nous étudierons pour eux-mêmes les fondements philosophiques de la laïcité, comment il est possible de justifier la différence entre des opinions diverses et respectables dans le cadre du pluralisme des valeurs, et des prises de position qui sapent le principe de laïcité lui-même. Mais la voie à suivre est ici périlleuse : la laïcité elle-même est controversée, et il ne faudrait pas qu'au nom d'*une* de ses interprétations possibles d'autres soient réprimées. Et, en particulier, il serait extrêmement dommageable, sous prétexte des apories de la « position Ferry »[2], de se rabattre sur un rationalisme dogmatique et intolérant (qu'aurait sans doute récusé Buisson lui-même[3]).

1. Voir, sur ces points, H. Peña-Ruiz, *Dieu et Marianne. Philosophie de la laïcité,* Paris, PUF, 1999, p. 269 sq. Voir aussi deux ouvrages récemment parus : H. Peña-Ruiz, *Qu'est-ce que la laïcité ?,* Paris, Gallimard (Folio-« Actuel »), 2003, et H. Peña-Ruiz (éd.), *La laïcité* (textes choisis et présentés), Paris, GF (« Corpus »), 2003.

2. Sa « neutralité stricte a pour effet de faire de l'hétérogénéité d'une classe une menace, alors qu'elle devrait être une promesse » (D. Beresniak, p. 58).

3. Buisson est un personnage complexe. En fait, il s'est toujours opposé au cléricalisme. Mais quand, au début du XXe siècle, des libres-penseurs ont interprété le principe de laïcité dans un sens

Dans l'enseignement public primaire, l'instruction religieuse doit, selon la loi du 28 mars 1882, être donnée en dehors des édifices scolaires et, selon un arrêté de la même année, en dehors des heures de classe. Le principe de neutralité domine également l'enseignement secondaire public. Il n'existe pas d'enseignement public confessionnel de la religion. Pour l'enseignement supérieur, la question ne se pose pas, puisque, comme le disait Liard : « La liberté est le privilège de l'esprit et la condition de la science. »[1]

L'enseignement doit être accessible à tous, et donc éventuellement imposé aux familles, de façon à garantir l'égalité et la formation citoyenne : « La liberté de l'ignorance n'existe pas. »[2] L'*obligation* impose la *gratuité,* c'est-à-dire les moyens, pour chacun, de s'instruire. Ce double principe d'obligation-gratuité est réalisé dans l'enseignement primaire, moins parfaitement ailleurs. Il a suscité des critiques d'ordres divers. D'une part, on lui a reproché de mettre en danger le principe de la liberté de l'enseignement, dans la mesure où le choix entre une école gratuite et une autre payante n'en était pas vraiment un pour de nombreux parents. D'autre part, les contribuables payant les frais d'études dans le système de la gratuité, on a pu dire que « les enfants de M. de Rothschild seront élevés aux frais de son concierge ». L'enseignement libre, en tout cas, n'a pas été éliminé par l'institutionnalisation de la gratuité : mais son recrutement est resté essentiellement bourgeois.

---

antireligieux, il dénonça l'imposition, sous prétexte de rationalisme, d'une *« orthodoxie à rebours »* (voir J.-M. Mayeur, *La question laïque. XIXe-XXe siècles,* Paris, Fayard, 1997, p. 82).
1. C.-A. Colliard, *op. cit.,* p. 472.
2. *Ibid.,* p. 475.

3. L'école privée : la liberté de l'enseignement. –
On l'a vu : la laïcisation des écoles publiques s'est opérée dans le cadre d'une affirmation corrélative du principe de la liberté de l'enseignement. Celui-ci, comme l'indique Colliard[1], peut être de deux sortes. D'abord, la liberté *par* l'État : les crédits publics sont répartis entre écoles privées et publiques proportionnellement à la population scolaire. C'est le système qui existe en Belgique depuis l'adoption du « Pacte scolaire » de 1958, ainsi que dans de nombreux autres pays européens[2]. Ensuite, la liberté *hors de* l'État, qui a caractérisé le système français jusqu'à la loi Debré de 1959 : les écoles privées étant très majoritairement confessionnelles, il apparaissait contraire aux principes de laïcité et de neutralité de les subventionner. La loi de 1959 prévoira la subvention de certains établissements, et à des conditions définies. Pour le reste, elle ne changera pas le système.

A) *Le problème des congrégations.* – Comment a évolué l'enseignement libre depuis la fin du XIXe siècle ? Une exception importante au principe de liberté était constituée par les *congrégations* non autorisées : le problème avait déjà été posé à propos des Jésuites sous la Restauration (l'ordre, aboli en 1773 par Clément XIV, sera rétabli en 1814 par Pie VII, puis dissous par Jules Ferry en 1880) et il se manifesta avec plus d'acuité encore à partir des années 1880. Un décret de mars 1880 permit à l'État d'agir contre les congrégations non autorisées, en leur imposant de demander l'autorisation dans un délai de trois mois. L'article 14 de la loi

1. *Ibid.,* p. 479-480.
2. Voir, *infra,* chap. II.

de 1901, qui reconnaissait enfin la pleine liberté d'association, renforça le décret, en disposant :

« Nul n'est admis à diriger, soit directement, soit par personne interposée, un établissement de quelque ordre qu'il soit, ni à y donner l'enseignement s'il appartient à une congrégation religieuse non autorisée. »[1]

Les congrégations étaient donc soumises au régime de l'autorisation préalable, dérogatoire du droit commun ; elles pouvaient être dissoutes par le gouvernement. Les congrégations non autorisées étaient déclarées illicites, aucun de leurs membres ne pouvait diriger un établissement d'enseignement ou enseigner (la mesure visait en particulier les Jésuites) ; des peines frappaient ceux qui en feraient partie. L'autorisation[2] ne fut généralement pas accordée (la Chambre élue en 1902 était très anticléricale), et l'on appliqua la loi de façon stricte. En 1904, même les membres de congrégations autorisées ne furent plus habilitées à enseigner. Après 1914, les congrégations purent exister de fait, et beaucoup de congréganistes se remirent à enseigner. Ensuite, la loi du 8 avril 1942 (régime de Vichy) supprima l'article 14 de la loi de 1901, qui interdisait l'enseignement aux congrégations non autorisées. L'ordonnance du 9 août 1944 n'abrogea pas formellement ce texte de Vichy. Les congrégations enseignent donc légalement, semble-t-il, dans les écoles privées, même si elles ne sont pas (encore) soumises au droit commun des associations[3].

1. *Ibid,* p. 481.
2. Les congrégations ne peuvent, selon la loi de 1901, obtenir la personnalité juridique que par un décret du Conseil d'État les reconnaissant.
3. Cf. M. Barbier, *op. cit.,* p. 56-57.

B) *La question des subventions.* – Depuis 1945 (et même depuis 1940), la liberté d'enseigner est générale, mais s'exerce toutefois à certaines conditions. L'État se réserve le droit de surveiller les écoles libres. Ce contrôle ne s'exerce pas sur les méthodes. Quant aux programmes, l'État disposant du monopole de la collation des grades, ceux de l'enseignement public s'imposent. L'État vérifie que l'enseignement est conforme à la morale, à la Constitution et aux lois. Quant aux subventions, une évolution a eu lieu, allant de leur interdiction (principe de la liberté « sans » l'État), essentiellement dans l'enseignement primaire, au régime de la loi Debré de 1959. Il ne faut pas croire que les catholiques aient tous et de tout temps été contre l'interdiction et en faveur des subventions : l'abbé Lemire – très isolé – disait, en 1921, à la Chambre :

« Je n'admets pas que l'on mendie sous une forme quelconque l'argent de l'État quand, librement, spontanément, on s'est placé en dehors de lui. Je suis de ceux qui sont tellement soucieux de la liberté qu'ils veulent la conserver complète, intacte. Je ne puis supporter sur ma liberté un contrôle quelconque. *Or, si je prends l'argent à l'État, demain il pourra me faire subir son contrôle.* »[1]

Effectivement, les subventions supposent toujours une sorte de donnant-donnant : celui qui paie a le droit de contrôler l'usage des fonds qu'il alloue. Mais Michel Debré lui-même concluait son discours de Premier ministre à l'Assemblée nationale le 23 décembre 1959 en soulignant que l'aide financière constituait la garantie de la liberté de l'enseignement. Trois

1. C.-A. Colliard, *op. cit.*, p. 499 ; je souligne.

situations sont prévues à cette effet. D'abord, la liberté totale, c'est-à-dire la situation antérieure à la loi Debré (l'État contrôle seulement les titres des directeurs et des maîtres, l'obligation scolaire, etc.). Ensuite, l'intégration dans l'enseignement public. Enfin, un lien contractuel avec l'État. Cette dernière situation se subdivise elle-même en deux sous-possibilités : à savoir, le contrat d'association, supposant un étroit assujettissement de l'enseignement privé à l'enseignement public, et le contrat simple, moins contraignant, l'État ne prenant ici en charge que les dépenses de personnel. La loi suscita une vive opposition laïque, laquelle s'est maintenue au moins jusqu'au début de la présidence Mitterrand, quand la gauche proposait de remplacer le système existant par un « grand service public unifié et laïque ». Les grandes manifestations de 1984 l'ont fait abandonner ce projet (échec de la « loi Savary »). Puis, à l'automne 1993 – dans l'autre sens, en quelque sorte –, la loi Bourg-Broc, consistant en une tentative de révision de l'article 69 de la loi Falloux de 1850 dans le but de subventionner les écoles privées proportionnellement à leur nombre d'élèves (par rapport à celui de l'enseignement public), a également avorté sans gloire : le Conseil constitutionnel a estimé que, étant donné les différences de cahiers des charges entre établissements publics et privés, une telle disposition violait le principe d'égalité. La manifestation de janvier 1994 a été aussi spectaculaire que celle qui, dix ans auparavant, avait soudé l'opposition contre la loi Savary.

VIII. – Les exceptions au droit commun de la laïcité : l'Alsace et la Moselle[1]

Le régime des cultes reconnus (régime concordataire) fut maintenu lors de l'annexion des départements du Haut-Rhin, du Bas-Rhin et de la Moselle par l'Allemagne, en 1871. Il en alla de même en 1918, lorsque ces départements redevinrent français. D'ailleurs, le droit local de ces trois départements est parfois très différent du droit commun de la République[2]. Le gouvernement Herriot (Cartel des gauches) tenta, en 1924, d'appliquer la loi de Séparation de 1905 dans ces régions, mais céda devant les difficultés d'une telle entreprise. Le Conseil d'État, dans un avis du 24 janvier 1925, a conclu à la légalité du statut particulier de l'Alsace-Moselle[3]. Le régime concordataire fut supprimé pendant l'occupation allemande de 1940-1944, puis rétabli en septembre 1944. La situation est la suivante : les quatre cultes reconnus par le Concordat et les Articles organiques ont un caractère public ; les édifices et l'administration du culte sont gérés dans chaque paroisse par un établissement public, la « fabrique », jouissant de la personnalité juridique[4]. Les évêques de Strasbourg et de Metz, ainsi que leurs coadjuteurs, sont nommés par le président de la République après concertation avec Rome ; il en va de même pour les inspecteurs de l'Église luthérienne et

---

1. Il faudrait encore parler des territoires d'outre-mer. Sur ce point, cf. M. Barbier, *op. cit.*, p. 95-98. Je le suis également pour ce qui suit, concernant l'Alsace et la Moselle (*ibid.*, p. 92-95).
2. Cf. J. Boussinesq, *op. cit.*, p. 169.
3. *Ibid.*, p. 171.
4. *Ibid.*

trois membres du directoire de cette dernière. Les autres ministres des cultes sont nommés avec l'agrément du gouvernement (vicaires généraux, curés, pasteurs, présidents de consistoires, grands rabbins, rabbins...)[1]. Les ministres reçoivent un traitement de l'État. Bref, la laïcité française ne s'applique *pas* en Alsace et en Moselle, dans la mesure où ces régions ont conservé le principe (d'origine concordataire) de la reconnaissance de cultes par ailleurs salariés. Dans le domaine scolaire, un enseignement religieux des quatre cultes reconnus est prévu aux niveaux primaire et secondaire. Les parents doivent demander une dispense pour que leurs enfants soient autorisés à ne pas suivre cet enseignement, qui est remplacé dans ce cas par un cours de morale laïque. Barbier note pertinemment qu'une telle situation de l'enseignement ne relève pas du régime concordataire et pourrait être changée sur la base du Préambule de la Constitution de 1946 (qui fait partie du « bloc de constitutionnalité » reconnu par le Conseil constitutionnel), lequel impose à l'État d'organiser « l'enseignement public et laïque à tous les degrés ». On ne l'a jamais fait, sans doute pour ne pas revenir sur des traditions historiques solidement enracinées, mais la question subsiste : la République peut-elle s'accommoder de deux régimes des cultes différents ? En ce qui concerne l'enseignement supérieur, l'Université de Strasbourg comprend deux facultés de théologie, catholique et protestante. Il faut l'accord du Saint-Siège pour la nomination des enseignants de la faculté catholique. L'enseignement religieux est donc présent aux niveaux primaire, secondaire et supérieur : ni la laïcité de l'enseignement ni la séparation

---

1. M. Barbier, *op. cit.*, p. 93.

de l'Église et de l'État ne s'appliquent dans les départements d'Alsace (Haut-Rhin, Bas-Rhin) et de Moselle.

IX. – L' « affaire du *foulard islamique* »

Il ne faut pas oublier, dans ce contexte, que la (trop) fameuse « affaire du *foulard islamique* » anime encore aujourd'hui le débat public. C'est en effet à cette occasion que les défenseurs de la laïcité ont commencé, à partir de la fin des années 1980, à se diviser profondément. Il s'agit de savoir si le port du foulard ne réintroduit pas dans l'école publique des signes relevant d'une appartenance privée, et si, par conséquent, une recolonisation de la sphère publique par cette dernière ne s'annonce pas au travers de revendications après tout bénignes et non violentes, du moins prises comme telles. Or, sur ce point, deux attitudes se sont dégagées. L'une, proche de la laïcité traditionnelle, refuse radicalement le foulard à l'école, et cela à partir d'une conception stricte de la séparation : la religion doit être confinée dans la sphère privée. À l'argument de la « bénignité » (il ne s'agit après tout que du port d'un couvre-chef) invoqué par ceux qui plaident l'ouverture, on répond, du côté laïque « dur », que le foulard ne constitue qu'un commencement : derrière cette première revendication s'en profileraient d'autres, concernant la séparation des garçons et des filles aux cours de gymnastique, ou, plus grave, l'exigence de cours spécifiques (« point de vue musulman » sur l'histoire – les Croisades en particulier, etc.). Il faut noter de ce point de vue qu'en Belgique, où la religion est enseignée à l'école publique (les élèves ont le choix entre diverses confessions et la

« morale laïque »), les professeurs musulmans ont parfois attaqué de front l'orientation des cours généraux, certains élèves contestant par exemple la paléontologie au nom d'un créationnisme dogmatique ou refusant, au cours de dessin, de tracer sur le papier la figure humaine, action « interdite par l'islam ». On voit donc qu'il serait naïf de séparer la question du foulard d'un contexte de combat plus large, au sein duquel ce sont les islamistes durs qui dominent : volonté de « détricoter » la laïcité, considérée comme imposant une vue sécularisée – et donc « anti-musulmane » – du monde. À cela s'ajoute, bien entendu, la revendication – en soi légitime – d'un enseignement moins européo- et ethnocentrique. Si bien que, dans un tel combat, se recroisent des préoccupations ultraconservatrices (préserver une tradition contre les assauts de la modernité, en particulier quant au statut subordonné des femmes dans l'islam) et des idées « de gauche » (respecter la culture des immigrés, refuser l'arrogance ethnocentrique des Européens « développés », accepter le pluralisme, la « différence » – bref, le foulard).

Or il faut souligner le fait que le contexte dans lequel la revendication du port du foulard se fait valoir ne laisse pas de préoccuper, voire, après les événements du 11 septembre 2001, d'inquiéter. Certes, il ne s'agit surtout pas de confondre islam et islamisme (ni d'ailleurs islamisme et terrorisme). Mais il reste que le port du foulard, s'il s'identifie parfois à un acte de liberté et de revendication d'une « identité » bafouée, résulte souvent de pressions du milieu que l'école n'a surtout pas à entériner. Je ne parle pas seulement de l'imposition du port du foulard à des femmes qui n'en voulaient pas lors de la révolution islamique en Iran ou sous le règne des Talibans jusqu'à l'intervention américaine de l'automne 2001. Les problèmes se posent également chez nous : en France, le mouvement « Ni putes ni soumises » a montré à quel point les jeunes filles musulmanes peuvent être terrorisées, parfois jusqu'à la violence, au viol et au meurtre, quand elles tentent de s'émanciper d'un milieu qui les relègue dans une position de « sous-citoyennes ». Le Conseil d'État français a adopté une position prudente, consistant, pour faire bref, à dire que le foulard « en soi » n'est pas contraire au principe de laïcité de l'école, mais que, en cas notamment de prosélytisme, de pressions ou d'atteinte à l'ordre de l'école, la direction peut prendre une mesure d'interdiction[1]. En fait, tout ce débat tourne autour de l'interprétation du fameux « droit à la différence » : expression de la liberté ou manifestation d'une recolonisation de la sphère publique par des communautés fermées et intolérantes ?

---

1. « Il résulte de ce qui vient d'être dit que, dans les établissements scolaires, le port par les élèves de signes par lesquels ils entendent manifester leur appartenance à une religion n'est pas par lui-même incompatible avec le principe de laïcité, dans la mesure où il constitue l'exercice de la liberté d'expression et de manifestation de croyances religieuses, mais que cette liberté ne saurait permettre aux élèves d'arborer des signes d'appartenance religieuse qui, par leur nature, par les conditions dans lesquelles ils seraient portés individuellement ou collectivement, ou par leur caractère ostentatoire ou revendicatif, constitueraient un acte de pression, de provocation, de prosélytisme ou de propagande, porteraient atteinte à la dignité ou à la liberté de l'élève ou d'autres membres de la communauté éducative, compromettraient leur santé ou leur sécurité, perturberaient le déroulement des activités d'enseignement et le rôle éducatif des enseignants, enfin troubleraient l'ordre dans l'établissement ou le fonctionnement normal du service public » (Conseil d'État, avis du 27 novembre 1989). En décembre 2003, la Commission mise en place par le président de la République et présidée par Bernard Stasi a rendu un rapport préconisant l'interdiction des signes religieux « ostensibles ».

1. **Le droit à la différence : laïcité et ethnocentrisme.** – La question du « *droit à la différence* » a, à maints égards, mis en cause la laïcité telle qu'elle s'était construite à partir de la loi de Séparation de 1905. La plupart des pays contemporains sont multiculturels : soit qu'ils contiennent des minorités nationales (des groupes ayant appartenu à un ensemble souverain – Allemands de Pologne, Hongrois de la Transylvanie roumaine, etc.), soit qu'à partir de processus d'immigration individuelle des groupes se forment dont la culture est différente du contexte dominant, soit encore que des populations indigènes (Indiens d'Amérique, Aborigènes d'Australie, Maoris de Nouvelle-Zélande) subsistent dans un monde moderne dont les valeurs leur sont radicalement étrangères. On a, dans l'histoire récente, tenté de réduire les demandes de protection de ces minorités dominées à l'exigence de respect des droits individuels de l'homme : si les membres d'un groupe bénéficient de la liberté d'expression et d'association, du droit à un procès équitable, d'une certaine sécurité sociale, etc., ils seront protégés contre les empiétements du groupe dominant. Mais, souvent, une telle protection par les droits de l'homme s'avère insuffisante : il s'agit de savoir quelle langue utiliser avec l'administration, quelles exemptions sont acceptables pour accommoder l'État de droit à l'existence de la culture minoritaire (changement des jours de congé, dérogations aux règles concernant l'abattage des animaux, etc.), comment l'on peut favoriser les valeurs du groupe dominé, pour donner à ses membres un respect de soi, une confiance en soi sans lesquels la construction de la citoyenneté serait impossible. De telles garanties constituent l'un des problèmes les plus épineux des sociétés

libérales contemporaines : elles impliquent le meilleur et le pire, qu'incarnent les ambiguïtés du fameux « droit à la différence ». Le meilleur : elles permettent aux minoritaires de se reconnaître dans un État qui ne leur impose pas des valeurs auxquelles ils sont, en tout cas pour l'instant, étrangers. En d'autres termes, une interprétation (respectable) du droit à la différence consiste à soutenir que, de la même manière que l'État s'est « séparé » des Églises, il doit se « séparer » de conceptions de la vie bonne – de « cultures » – qui ne sont partagées que par une partie de la population. C'est au nom du *laos* en son entier qu'il faudrait refuser la monopolisation de l'État par une culture dominante.

Mais une telle attitude est grosse d'ambiguïtés. Qu'est-ce, en effet, que cette « culture » dominante dont il faudrait critiquer l'emprise, illégitime quant aux valeurs laïques elles-mêmes, qu'elle exerce sur l'État ? S'il s'agit d'une conception étroitement nationale de l'histoire (« Nos ancêtres les Gaulois ») ou de la coïncidence de fêtes chrétiennes avec le calendrier « laïque » des congés, ou encore d'une conception étroitement ethnocentrique de l'enseignement réduisant à rien, ou à peu de choses, la contribution du reste du monde aux valeurs humanistes, la cause est claire : il faut lutter contre de telles attitudes qui indiquent *une laïcisation imparfaite de la société* (en l'occurrence, de l'enseignement public « neutre »), puisqu'elles impliquent une certaine monopolisaton de la sphère publique par des valeurs qui ne sont pas (ou plus) celles de tous. Mais autre chose consiste à englober dans la « culture dominante » les droits de l'homme, le principe d'égalité et la laïcité elle-même. Dans ce cas, le droit à la différence devient ambivalent et s'autodétruit : on ne peut réclamer des droits en mettant en cause la base même de toute revendication de droits, c'est-à-dire le recours à une instance supérieure à celle de la communauté dont on désire promouvoir la reconnaissance et les intérêts. En d'autres termes, pousser la demande d'autonomie communautaire et de respect des différences jusqu'à la négation de toute instance supérieure, laïque et citoyenne, garante de l'égalité de tous devant la loi par-delà les divers enracinements, c'est réduire le social et le politique à une mosaïque de « tribus » au mieux coexistantes (mais sans aucune garantie que les droits individuels de leurs membres seront respectés), au pis ramenées à la violence de la guerre de tous contre tous, bref à la loi de la jungle.

2. **Laïcité et communautarisme.** – Or c'est ce qui risque de se produire si l'on pousse le respect des différences jusqu'à accepter des éléments qui s'opposent radicalement à l'idée d'autonomie, base même de la laïcité au sens large du terme, c'est-à-dire de l'arrachement des questions de conscience au politique. Il y a d'abord – c'est le cas le plus évident – des valeurs antilibérales par elles-mêmes : mutilation sexuelles (exicisions et infibulations) des petites et jeunes filles, discriminations à l'égard des femmes, refus (on l'a vu à l'occasion des affaires Rushdie et Taslima Nasreen) de la liberté d'expression et de conscience, tendance des autorités (souvent autoproclamées[1]) d'un

1. On sait la difficulté de faire émerger en France (et ailleurs) des institutions réellement représentatives de l'islam : il faudrait à cet effet démocratiser la communauté musulmane, divisée en de multiples composantes et allégeances étrangères. Mais à nouveau se posera un problème assez analogue, *mutatis mutandis,* à celui des

groupe à considérer leurs « ouailles » comme leur propriété, défense d'un État religieux. Mais il faut également – et c'est plus difficile – mettre en cause, indépendamment du contenu « autoritaire » des valeurs en cause, l'idée d'un développement séparé des groupes. Ainsi, aux États-Unis, les mouvements fondamentalistes revendiquent-ils le libre choix, par les élèves, de cours de biologie soit « darwinienne », soit « créationniste ». Outre le fait qu'un tel « choix » est à tous égards illusoire (ce sont les parents qui choisissent et, derrière eux, les groupes les plus intransigeants), il produit des effets pervers majeurs. Fondamentalement, on met sur le même plan le choix d'une conception religieuse, légitime en tant que tel et d'ailleurs juridiquement (souvent constitutionnellement) protégé, et la libre approche scientifique des phénomènes : le premier élément relève d'une conception particulière de la vie (tout le monde n'admet pas le créationnisme) ; le second, d'une pratique par principe ouverte à tout interlocuteur de bonne foi, désireux d'en acquérir les compétences, par-delà les enracinements particuliers. Une telle approche conteste de front les présuppositions essentielles de la laïcité, suivant lesquelles la sphère publique doit faire prévaloir ce qui, par es-

---

« diocésaines » : comment introduire de l'extérieur une logique démocratique et représentative dans un univers mental rebelle à la démocratie et à la séparation du religieux et du politique ? Le Conseil français du culte musulman, créé sous l'égide du ministre de l'Intérieur Nicolas Sarkozy en 2003, constitue une tentative originale et périlleuse d'organisation de la communauté musulmane. La difficulté principale d'une telle entreprise tient à ceci : ou bien les dirigeants d'une telle organisation sont libéraux, mais ils ne sont pas représentatifs, ou bien ils sont représentatifs, mais ils ne sont pas libéraux. Cette alternative ruineuse n'est pas indépassable, mais au moins faut-il en mesurer correctement les enjeux.

sence, est accessible à tout le *laos,* et non cultiver des valeurs particulières. Et, sur ce point, une précision s'impose : il n'est nullement question de refuser la multiplicité des perspectives et des approches. Ce pluralisme constitue en effet la condition même de tout débat démocratique. Mais ce que veulent les fondamentalistes, ce n'est pas l'introduction, dans la sphère publique de l'école, de débats concernant les diverses vues du monde, religieuses en particulier. Tout au contraire, ils revendiquent des cours *séparés.* Une telle exigence implique inéluctablement pour les élèves une situation de « tribalisation » : à la limite, ils auront, selon leurs origines et leurs appartenances, suivi des curriculums radicalement différents. Comment imaginer un instant, dans de telles conditions, qu'ils puissent vivre ensemble au-delà d'une coexistence en extériorité basée sur des compromis fragiles, dépendant des rapports de forces entre « communautés » ? Or la formation des citoyens dans les sociétés multiculturelles implique nécessairement qu'ils aient appris à vivre ensemble, et que ce qui vaut au-delà de leurs enracinements respectifs acquière quelque substance. La culture schizophrénique ne peut mener qu'à des traumatismes : ce sont les mêmes individus, qu'on aura éduqués de façon séparée, dans l'étrangeté réciproque, qui devront, à un moment, se mettre, pour ainsi dire, autour d'une table et rechercher patiemment ensemble, comme le veut l'idéal démocratique le plus exigeant, ce que requiert, dans tel ou tel cas d'espèce, l'intérêt général.

Chapitre II

LA LAÏCITÉ
DANS LES PAYS DE L'UNION EUROPÉENNE

La modernisation des pays européens, en particulier dans le domaine des relations entre les Églises et l'État, ne s'est pas faite d'une seule manière. Françoise Champion distingue, en ce qui concerne les rapports de la société et de la religion, deux logiques[1] : l'une de *laïcisation,* l'autre de *sécularisation.* La première résulte du combat de forces sociales « libérales » contre une Église globalement perçue comme conservatrice et tentant de maintenir ses positions dans l'État. La seconde logique, au contraire, consiste en une libéralisation concomitante de la société et de l'Église. La laïcisation est en général propre aux pays de tradition catholique,

« là où l'Église... s'estime avoir vocation à une prise en charge globale de la vie sociale, et se pose comme une puissance en vis-à-vis et en concurrence de l'État ».

---

1. Voir l'étude de Françoise Champion, « Entre laïcisation et sécularisation. Des rapports Église-État dans l'Europe communautaire », in *Le Débat,* n° 77, novembre-décembre 1993, p. 46-72, ainsi que : Jean Baubérot (sous la direction de), *Religions et laïcité dans l'Europe des Douze,* Paris, Syros, 1994. Voir aussi : M. Ventura, *La laicità dell'Unione Europea. Diritti, Mercato, Religione,* Turin, Giappichielli, 2001 ; et le numéro spécial de *Sociétés contemporaines* (n° 37, Paris, L'Harmattan, 2000) consacré au thème « Religions et laïcité en Europe ».

La sécularisation est plus caractéristique des pays protestants :

« Il y a transformation conjointe et progressive de la religion et des différentes sphères de l'activité sociale... L'Église protestante (en situation de monopole ou de dominance) n'est pas une puissance comparable à l'Église catholique inscrite en vis-à-vis de l'État, mais une institution dans l'État, constitutive du lien politique, et assumant des responsabilités particulières, dans la subordination plus ou moins acceptée ou contestée au pouvoir politique. »[1]

Mais il faut ajouter à cette distinction le cas des pays multiconfessionnels, dans lesquels deux confessions sont de force plus ou moins comparable, et celui des pays pour lesquels la question de l'identité religieuse s'articule avec celle de la nation, c'est-à-dire, généralement, avec un combat contre l'étranger. La France et la Belgique, par exemple, constituent les exemples types d'une logique de laïcisation (mais, on le verra, mise en œuvre de façon différente) : dans ces deux pays, les forces libérales s'attaquent de front aux positions occupées par la religion dans l'État, et notamment dans l'enseignement public. Certes, il ne s'agit, en élaborant une telle typologie (laïcisation, sécularisation, multiconfessionnalité, identité nationale), que de proposer des idéaux types. Toute classification est, en l'espèce, contestable, les traditions historiques particulières aux différents États jouant un rôle essentiel.

I. – **Les pays de tradition catholique**

1. **La Belgique.** – La *Belgique* se distingue essentiellement de la France en ceci : sa Constitution (1831)

---

1. F. Champion, art. cité, p. 48.

était l'une des plus progressistes d'Europe, garantissant la liberté de conscience. Mais elle résultait d'un compromis (l' « unionisme ») entre les libéraux et les catholiques, conclu en 1827. Ce compromis se manifeste tout d'abord en ce que l'État prend en charge les traitements et pensions des ministres du culte. Cela vaut pour tous les cultes « reconnus » – à savoir, le catholicisme, le protestantisme, l'anglicanisme, le judaïsme, l'islam (depuis peu de temps) et l'Église orthodoxe. La situation ressemble donc à celle de la France d'avant la Séparation. Ensuite, la liberté constitutionnelle d'enseignement a été utilisée par les catholiques pour récupérer des positions perdues sous l'occupation française et sous Napoléon, puis sous Guillaume Ier, tandis que les libéraux, avec l'aide des socialistes depuis la fin du XIXe siècle, se sont appuyés sur les pouvoirs publics pour tenter de laïciser l'enseignement. Au niveau universitaire, la création en 1834 de l'Université libre de Bruxelles (à l'origine : « de Belgique ») a témoigné d'une stratégie différente : la création d'un enseignement libre non confessionnel. La loi Nothomb de 1842, qui procédait de l'esprit unioniste[1], obligeait les communes à organiser un enseignement primaire, qui pouvait être donné dans une école libre qu'elles « adoptaient ». L'enseignement de la religion catholique y était obligatoire (si elle était celle de la majorité des élèves). Mais un gouvernement libéral homogène (1878-1884) mit fin au régime de l'adoption. Seule l'école publique fut désormais re-

1. Cf., sur ce point, et le conflit scolaire en général, J. Leclercq-Paulissen, « Les grands combats : l'émancipation politique et la guerre scolaire en Belgique », *in* H. Hasquin (dir. scientifique), *Histoire de la laïcité en Belgique,* Bruxelles, La Renaissance du livre, Bruxelles, Espaces de libertés, 3e éd., 1994, p. 149-162.

connue, la morale devenant obligatoire et la religion, retirée du programme, se trouvant reléguée en dehors des heures de classe. Les instituteurs devaient être porteurs d'un diplôme officiel. Ces dispositions étaient très proches de l'esprit des lois Ferry de 1882 et 1886 en France. Mais elles furent la cause du déclenchement de la première « guerre scolaire » : Les catholiques menèrent une véritable croisade contre les « corrupteurs de l'âme de l'enfant »[1]. Ils gagnèrent les élections de 1884 et restèrent au pouvoir de façon ininterrompue jusqu'en 1914. Des « lois de restauration » furent votées, on en revint au régime de l'adoption, les écoles adoptables bénéficièrent d'une subvention, le cours de religion catholique redevint obligatoire. Bref, le processus de laïcisation à la française avait été brutalement entravé. Mais c'est également à cette époque que la science se développe, que le positivisme et la libre-pensée deviennent de plus en plus présents dans une partie de la bourgeoisie, tandis que le mouvement ouvrier se constitue en parti. Par la loi du 9 mai 1914, le gouvernement catholique rend la scolarité obligatoire de 6 à 12 ans et généralise la gratuité. Les réseaux officiel et libre sont maintenant égaux en matière de subventions. Dans l'entre-deux-guerres, le combat porte toujours sur les subventions, contestées par les laïques mais jamais véritablement mises en cause par eux lorsqu'ils sont au pouvoir. Les catholiques, eux, tentent d'améliorer en leur faveur ce même système de subventions. De 1950 à 1954, un gouvernement social-chrétien homogène favorise l'enseignement libre. Mais en 1954 se constitue une coalition socialiste-libérale : situation d'exception, puisque

---

1. *Ibid.*, p. 138.

les catholiques n'avaient pas été absents du pouvoir plus de vingt mois depuis soixante-dix ans. La loi Collard (du nom du ministre de l'Instruction publique de l'époque) du 9 avril 1955 affirme le droit entier de l'État à la création de ses écoles à tous les niveaux d'enseignement, les subventions aux écoles catholiques sont réduites et plus strictement contrôlées. Cette loi déclenche la seconde guerre scolaire, ayant cette fois comme enjeu l'enseignement moyen et technique, alors que la première (1879-1884) avait porté sur le primaire. En 1958, la coalition libérale-socialiste subit un échec électoral. Un « Pacte scolaire » est alors signé, qui régit toujours l'enseignement belge aujourd'hui. Les deux réseaux, officiel et libre, sont reconnus et subventionnés (il en existe un troisième, celui, public, des provinces et des communes). La loi du 29 mai 1959 instaure un enseignement optionnel de « morale non confessionnelle » à côté des cours de religion dispensés dans l'école publique, primaire et secondaire. De nombreux défenseurs de l'école officielle ont critiqué le Pacte, dans la mesure où

« il impliquait... l'abandon d'un principe que le Parti libéral et le Parti socialiste avaient l'un et l'autre défendu avec une rare continuité depuis qu'en 1894 les premiers subsides avaient été octroyés aux écoles libres. Ce principe, Paul Janson l'avait résumé en une phrase lapidaire, qui garde toute sa valeur aux yeux des laïques : "La Constitution proclame la liberté d'enseignement. Ce faisant, elle autorise la concurrence à l'enseignement officiel, mais n'oblige pas l'État à subsidier cette concurrence." »[1]

---

1. R. Hamaide, « L'affirmation de la laïcité en Belgique », *in* H. Hasquin (éd.), *op. cit.,* p. 261.

Ce Pacte ne doit pas être sous-estimé en ce qui concerne ses implications plus générales pour la situation de la laïcité en Belgique : il marque le passage d'un anticléricalisme militant à une situation de *pluralisme*. La laïcité, au lieu de constituer, comme en France, un principe légal (1905), puis constitutionnel (1946 et 1958), devient progressivement une sorte de petit « pilier » de la société belge. Les « piliers » ont en Belgique une longue histoire : l'Église a, durant tout le XXe siècle, adopté une stratégie politique d'occupation quasi permanente du pouvoir via le Parti social-chrétien, mais aussi sociale et culturelle, c'est-à-dire d'intégration des individus dans des réseaux d'enseignement, d'assistance, d'hôpitaux, de syndicats, de mutualités, etc. Le « pilier » chrétien est, aujourd'hui encore, très puissant, en particulier en Flandre, mais il faut également tenir compte du processus de sécularisation qui a pénétré les institutions et mentalités catholiques : en témoigne notamment le puissant mouvement contemporain de résistance, au sein même du catholicisme, aux positions du pape Jean-Paul II en matière de morale sexuelle et familiale. La laïcité, pour sa part, devenue partie prenante d'une société pluraliste, a en quelque sorte constitué son propre « pilier ». Celui-ci est assez fragile dans la mesure où ses supports libéraux et socialistes ont longtemps été divisés sur la question sociale (les socialistes ayant constitué leur propre « pilier », moins puissant que celui des catholiques). Aujourd'hui, cependant, ils gouvernent ensemble et ont rejeté les sociaux-chrétiens (désormais : « Centre démocrate humaniste ») dans l'opposition. Il reste que le mouvement laïque a obtenu en la matière d'incontestables victoires : reconnaissance par l'État, en 1970, des « communautés philosophiques non confessionnelles », financement des « maisons de la laïcité » depuis 1981, création en 1991 d'un cadre de conseillers moraux, rémunérés par l'État, auprès des forces armées, et, enfin, révision de la Constitution en 1993, modifiant l'article 117 (art. 181 dans la nouvelle numérotation) concernant la rémunération du clergé par l'État : les « délégués des organisations reconnues par la loi qui offrent une assistance morale selon une conception philosophique non confessionnelle » seront désormais, eux aussi, rémunérés par l'État. Bref, la laïcité belge, au lieu de faire partie de la définition même de l'État (de la *res publica*, au sens de la chose publique, de la « chose » de tous, du *laos* en son entier), constitue aujourd'hui un « pilier » (d'ailleurs très embryonnaire). La laïcité est entrée dans le jeu du pluralisme, ce que certains de ses défenseurs ont critiqué : n'est-ce pas en quelque sorte, comme on l'a soutenu, une « religion de trop »[1] ? Peut-on impunément ramener la laïcité à une *composante* idéologique de la société alors qu'elle devrait en constituer le fondement même ? Les laïques n'ont-ils pas conclu un marché de dupes en acceptant de se mettre formellement sur le même plan que les confessions, ce qui donne une nouvelle légitimité aux positions toujours très fortes du catholicisme ? Il deviendra en effet désormais difficile de contester le système dans son ensemble : la rémunération des ministres du culte pouvait constituer un bon argument des laïques contre l'insuffisante séparation de l'Église et de l'État tant qu'eux-mêmes n'étaient pas rémunérés (ils le sont désormais dans certaines conditions, en

1. C'est ce que soutient le juriste Marc Uyttendaele (*Le Soir*, Bruxelles, 10 septembre 1994).

vertu de l'article 181, § 2 de la Constitution récemment révisée). On ne peut être à la fois « dedans » et « dehors », dénoncer un système auquel on participe. Certes, en Belgique comme ailleurs en Europe, la liberté de conscience est, bien entendu, garantie et pleinement respectée, mais le compromis ayant abouti à la « constitutionnalisation » du mouvement laïque est porteur d'ambiguïtés. Elles ne datent d'ailleurs pas d'hier : la plus délicate concerne l'enseignement de la *morale* laïque, instauré à côté de l'enseignement religieux dans les écoles publiques par le Pacte scolaire. De deux choses l'une, en effet. *Ou bien* la laïcité incarne une sorte de morale civique qui devrait être enseignée à tous. Bien entendu, la prudence s'impose quant à une matière aisément détournable à fins d'endoctrinement, mais il apparaît en même temps essentiel de former des citoyens, et donc d'expliquer, de débattre les enjeux de la laïcité, qui *valent pour tous,* catholiques, incroyants et autres. *Ou bien* le cours de morale laïque s'adresse comme en Belgique à une *partie* des élèves, *qui plus est en concurrence avec les cours de religion,* ce qui pose des problèmes de cohérence intellectuelle redoutables. En effet, tout se passe comme s'il fallait distinguer ici entre, *d'une part,* un enseignement global de la morale, destiné aux non-croyants, aux libres-penseurs – bref, à ceux qui, par l'exercice exclusif d'une raison bien plus modeste et moins prométhéenne qu'on ne l'a cru ou craint au XIXe siècle, veulent s'orienter dans l'existence, et, *d'autre part,* un enseignement portant sur la question philosophique de la séparation des Églises et de l'État, lequel devrait être fourni *à tous.* Il existe certes des raisons *historiques* pour lesquelles les non-croyants se sont pensés comme les porte-parole de la laïcisation de la société et de l'État, contre un catholicisme qui s'y est longtemps refusé. Mais outre qu'ils ont trouvé à côté d'eux, dans ce combat, des protestants et des Juifs et même certains catholiques d'avant-garde, il se fait qu'aujourd'hui de nombreux catholiques sont acquis à l'idée d'un État de tout le *laos* et manifestent de façon très claire leur opposition aux autorités romaines quand un tel acquis (à maints égards lié dans leur esprit aux conquêtes de Vatican II) se trouve mis en danger par l'évolution actuelle du magistère.

2. **L'Espagne.** – L'Italie et l'Espagne, pays de profonde tradition catholique, ont également incarné la logique de laïcisation : ils n'ont que récemment évolué vers une situation de plus grande séparation de l'Église et de l'État. L'*Espagne* post-franquiste s'est, depuis 1975 (mais le mouvement avait commencé avant la mort de Franco, grâce à une partie « progressiste » du clergé, qui suivait les enseignements de Vatican II), radicalement laïcisée. La Constitution de 1978 institue une séparation de l'Église et de l'État (« Aucune religion ne sera religion d'État »), la liberté religieuse est proclamée dans une Loi organique de 1980, le blasphème et le sacrilège ne sont plus réprimés par la loi. Mais cette séparation est corrélative d'une « position spéciale » de l'Église. Un tel compromis constitue certes le résultat d'une volonté de pacification de l'Espagne post-franquiste et d'un refus, au demeurant très sage, de tout ce qui risquerait de replonger le pays dans la guerre civile : si la Constitution de 1912 avait proclamé la religion catholique seule religion de la Nation et interdit l'exercice de toute autre religion, les républicains avaient, eux, adopté une politique violemment anticléricale, culminant, si l'on peut dire,

dans une loi sur... l'inexistence de Dieu. On n'a donc pas voulu, après la mort de Franco, rallumer les feux de la guerre civile. Ainsi l'Église est-elle partie constitutive de la nouvelle identité espagnole, tout en acceptant, de façon plus ou moins contrainte, la modernisation et la pleine liberté de conscience. Certes, à d'autres niveaux, l'Église se trouve toujours en position conflictuelle avec les courants de modernisation. Il n'empêche que, étant donné son passé, l'Espagne a remarquablement réussi la sortie pacifique du franquisme, le problème du statut de l'Église se trouvant au centre de celle-ci.

3. **L'Italie.** – Quant à l'*Italie,* l'État et le Vatican ont signé en 1984 un « Nouveau Concordat ». Il abolit le principe du catholicisme conçu comme religion d'État. En fait, la situation italienne était, jusqu'à cette date, très ambiguë : les accords du Latran de 1929 entre Mussolini et le pape mettaient fin à la situation de « prisonnier volontaire » du successeur de Pierre dans les palais du Vatican, mais au prix de l'instauration du catholicisme comme religion d'État. Cependant, la Constitution de 1948, qui intégrait ces accords, déclarait en même temps « l'État et l'Église catholique indépendants et souverains ». La Constitution reconnaissait donc la liberté religieuse, mais cette dernière était limitée par les accords de 1929, toujours en vigueur. Ce n'est qu'en 1971 que la Cour constitutionnelle donna la priorité aux normes constitutionnelles sur les normes concordataires. Le « Nouveau Concordat » de 1984 a définitivement résolu la question. Déjà dans les années 1970, le divorce et l'avortement avaient été légalisés – mais le délit de blasphème existe toujours en Italie. Bref, l'Église, comme partout ail-

leurs dans les démocraties modernes, a progressivement perdu son emprise sur la vie morale des individus, mais elle a maintenu des positions fortes dans le pays, en particulier grâce à la Démocratie chrétienne, continuellement au pouvoir jusqu'à son effondrement sous les coups de l'opération *Mani pulite*.

4. **Le Luxembourg.** – La Constitution de 1868 du Grand-Duché de Luxembourg garantit la liberté religieuse. Les salaires des ministres du culte sont payés par l'État. Le Luxembourg vit, comme la Belgique, sous le régime des cultes reconnus (catholique, protestant, orthodoxe, israélite). Il existe une longue tradition d'éducation religieuse dans les écoles publiques, gouvernée par une convention de 1997 entre le ministre de l'Éducation nationale et l'archevêque de l'Église catholique romaine. Les parents peuvent choisir entre l'enseignement de la religion catholique et un cours d'éthique. Les écoles privées, de même qu'un séminaire catholique, sont subventionnées par l'État.

5. **Le Portugal.** – La Constitution de 1982 garantit la liberté de conscience. L'État et l'Église sont séparés. Les partis politiques ne peuvent pas utiliser des noms ou symboles liés à une religion particulière. Les syndicats doivent être indépendants des organisations religieuses. La loi sur la liberté religieuse de 2001 crée un cadre législatif pour les religions « établies » dans le pays depuis au moins trente ans, ou celles qui sont reconnues internationalement depuis au moins soixante ans. L'Église catholique conserve un accord séparé avec l'État, selon les termes du Concordat de 1940. Un cours à option appelé « religion et morale » est inscrit au programme des écoles secondaires publiques. En

général, l'Église catholique bénéficie toujours d'un certain traitement préférentiel : les aumôniers catholiques sont par exemple les seuls à être payés par l'État.

6. L'Autriche. – La Constitution autrichienne garantit la liberté de conscience. Le statut des organisations religieuses est gouverné par la « Loi sur la reconnaissance » des Églises de 1874. L'État autrichien reconnaît officiellement l'Église catholique et douze autres organisations religieuses. Ces groupes ont notamment le droit de participer à la collecte de l'impôt par l'État. Une loi de 1999 reconnaît aussi des « communautés confessionnelles », qui possèdent moins de droits que les religions reconnues. L'État subsidie les écoles privées gérées par l'une ou l'autre des religions reconnues. Il subsidie partiellement l'enseignement religieux à l'école publique, mais seulement en ce qui concerne ces dernières religions. Nous verrons dans le chapitre suivant que l'Autriche maintient, comme d'autres pays de l'Union européenne, une loi contre le blasphème. La Cour européenne des droits de l'homme s'est jusqu'ici refusée à considérer que de telles lois étaient en tant que telles contraires à la Convention européenne des droits de l'homme.

II. – **Les pays de tradition protestante**

Les pays de tradition protestante comme la Grande-Bretagne et le Danemark incarnent bien, pour leur part, la logique de sécularisation[1] : l'Église y possède toujours un statut officiel (Église « établie » en Angleterre, Église d'État au Dane-

1. F. Champion, art. cité, p. 56 sq.

mark), lequel se marque par sa présence, de diverses manières, au sein des institutions officielles de l'État. Ce n'est bien entendu pas contradictoire avec une totale liberté de conscience, progressivement affirmée dans tous les pays démocratiques modernes. Mais une telle liberté ne constitue pas le seul élément libéral face à une Église établie : cette dernière s'est elle-même ouverte en même temps que se libéralisait le reste de la société, et les grands combats pour la liberté politique l'ont également traversée. Si bien qu'on ne trouvera pas, dans ces pays, l'ambiguïté dont je parlais plus haut, et qui s'incarne de la façon la plus claire dans les institutions belges : les « libres-penseurs » ne sont pas à l'avant-garde du mouvement de séparation du politique et des conceptions du bien. Mais cette clarification au niveau des acteurs du combat (*tous* les citoyens d'un État moderne sont comptables de l'idéal « laïque » *sensu lato,* c'est-à-dire : il n'est pas d'État arbitral sans un respect, par celui-ci, des conceptions controversées de la vie bonne) se paie, en retour, d'une présence de l'Église protestante (ou d'une de ses composantes, anglicane en Angleterre) au niveau même de l'État. En d'autres termes, l'Église s'étant *grosso modo* sécularisée au même titre que le reste de la société, ces pays ne se sont pas trouvés confrontés à la nécessité de « séparer » de l'État une institution qui aurait été perçue comme non libérale, c'est-à-dire globalement opposée au processus d'émancipation de l'homme et du citoyen caractéristique de la civilisation des droits de l'homme. Elle a donc conservé un statut « officiel » qui n'est lui-même, bien entendu, pas sans ambiguïtés : on peut difficilement soutenir qu'une confession purement privée se trouve totalement sur le même pied qu'une autre, qui participe de l'action de l'État lui-même.

1. **Le Royaume-Uni.** – En *Angleterre,* l'Église anglicane est « établie » (l'Église presbytérienne est établie en Écosse, et il n'y a plus d'Église établie ni en Irlande du Nord ni au pays de Galles). Que signifie l' « établissement » ? Le souverain est chef de l'Église et « défenseur de la foi ». Vingt-cinq évêques représentent l'épiscopat anglican à la Chambre des lords ; les assemblées de l'Église font partie des organes législatifs. Mais, à l'inverse, l'Église anglicane dépend de l'État : elle est soumise à un certain contrôle parlementaire. L'Église n'est pas « d'État » à la différence de celle du Danemark, où elle constitue l'un des départements de l'État. Et elle n'a (quasi) pas de privilèges par rapport aux autres religions. Il faut distinguer le problème de l'établissement, qui n'est plus guère contesté aujourd'hui en Angleterre, de celui de la liberté religieuse, qui a fait l'objet de nombreux combats. La Loi sur la tolérance de 1689 reconnaissait une liberté partielle aux protestants « non conformistes ». En 1828, les droits de ces derniers furent consolidés, puis, en 1829, les catholiques devinrent des citoyens à part entière. Cette émancipation des « papistes » n'allait nullement de soi : John Locke, dans ses *Lettres sur la tolérance,* en excluait notamment ceux qui, soumis à Rome, ne pouvaient pas, selon lui, se montrer totalement loyaux à l'égard du pouvoir civil[1]. Puis, en 1858, les Juifs fu-

---

1. Voir sur ce point P. Thierry, *La tolérance. Société démocratique, opinions, vices et vertus,* Paris, PUF, 1997, p. 36 sq. (« ... il n'a jamais été question pour Locke de tolérer des gens dont il dit... qu'ils ont "les clefs de leur conscience" accrochées à la ceinture du pape »).

rent également totalement émancipés. Un élément curieux doit être noté ici : la loi sur le blasphème, qui concernait à l'origine seulement l'anglicanisme, a été étendue aux autres Églises chrétiennes, mais pas, par exemple, à l'islam : c'est ce qui a paradoxalement sauvé Rushdie de l'accusation de blasphème portée contre lui par les islamistes[1]. Dans l'arrêt *Wingrove,* la Cour européenne des droits de l'homme n'a pas contesté la compatibilité de cette loi avec la Convention européenne des droits de l'homme[2]. En ce qui concerne l'enseignement, les écoles de toutes les confessions sont subventionnées. Dans l'enseignement public, l'éducation religieuse est assurée.

Le cas de l'Irlande du Nord est évidemment particulier, puisque les conflits « confessionnels » – entre protestants et catholiques – y ont engendré des violences terribles.

2. **Le Danemark.** – Au *Danemark*[3], l'Église luthérienne « jouit... du soutien de l'État », selon la Constitution. Le ministre des Affaires ecclésiastiques la dirige, tandis que le Parlement et la Cour suprême en exercent les pouvoirs législatif et judiciaire. Les évêques et pasteurs paroissiaux sont fonctionnaires. On peut être dispensé de l'impôt d'Église par une déclaration de non-appartenance. L'état civil est toujours assuré par l'Église luthérienne, tandis que onze autres religions sont reconnues, ce qui signifie qu'elles sont subventionnables pour leurs activités sociales, mais non pour

---

1. Cf., *infra,* chap. III.
2. Voir *Wingrove contre Royaume-Uni,* décision du 25 novembre 1996.
3. F. Champion, art. cité, p. 58 sq.

l'exercice du culte lui-même. En fait, c'est paradoxalement *pour mieux garantir* la liberté religieuse que l'Église luthérienne est devenue Église d'État : ce dernier garantit le pluralisme à l'intérieur de l'Église luthérienne ainsi que l'indépendance des croyants par rapport au clergé, et des pasteurs par rapport aux évêques. Il n'y a donc pas de direction centrale de l'Église : l'Église est « dans » l'État, elle s'est transformée en l'un des services publics de l'État-providence.

3. **La Suède.** – La Constitution suédoise de 1975 garantit la liberté de conscience. L'Église évangélique luthérienne était l'Église officielle jusqu'à la séparation de l'Église et de l'État, qui est entrée en vigueur en 2000. Les Églises reçoivent toujours des subventions de l'État.

4. **La Finlande.** – La Constitution garantit la liberté de conscience. Il y a deux Églises d'État, l'Église luthérienne évangélique et l'Église orthodoxe (1 % de la population). Un enseignement relatif aux religions d'État est donné à l'école publique, mais les élèves qui le veulent peuvent le remplacer par un cours général de religion et de philosophie.

III. – **Le multiconfessionalisme**

Dans des pays comme les Pays-Bas ou l'Allemagne, le caractère multiconfessionnel de la société a mené à des compromis sans que le combat se focalise sur un adversaire unique.

1. **Les Pays-Bas.** – Aux *Pays-Bas,* la liberté religieuse est très large. Le calvinisme est, lors de la for-

mation des Provinces-Unies (contre l'Espagne catholique), le ciment de l'identité nationale. Mais la multiplicité des appartenances confessionnelles protestantes crée aux XVIIe et XVIIIe siècles les conditions d'un certain pluralisme, bien que l'idée même de tolérance provienne plutôt des milieux humanistes (que l'on pense à Érasme) et des protestants libéraux (les Arminiens, Hugo Grotius, etc.). Mais le calvinisme reste dominant. La création de la « République batave » sous pression française en 1795 sépare les Églises de l'État et proclame l'égalité de tous les cultes, ce qui a pour conséquence essentielle l'émancipation des catholiques. La Constitution de 1848 confirme l'égalité des cultes et le fait que « toute société religieuse doit régler elle-même ses propres affaires »[1]. Les catholiques et les libéraux ont été jusque-là alliés dans le combat en faveur de la séparation de l'État et du protestantisme (essentiellement calviniste). Mais, à partir des années 1860, la question scolaire les divise. Et, de 1900 à 1939, une coalition chrétienne gouverne le plus souvent le pays. Le conflit scolaire ne sera pas réglé dans le sens des principes libéraux du XIXe siècle : la Constitution de 1917 reconnaît l'égalité des écoles publiques et privées et leur financement à 100 % par les pouvoirs publics. Ce système pluraliste d'écoles séparées est très favorable aux écoles confessionnelles. Mais, en même temps, il s'agit d'un compromis pacificateur, en particulier par la proclamation des principes de liberté et d'égalité de tous. Un tel compromis s'incarne dans une « pilarisation » *(verzuiling)* de la

1. Cité par J.-P. Martin, « Courants religieux et humanisme aux Pays-Bas », *in* J. Baubérot, *op. cit.,* p. 107.

société hollandaise, plus radicale que celle du système belge. Il implique incontestablement une vue « communautarienne » de l'existence sociale, à l'opposé de l'idéal français d'unité républicaine et de « privatisation » des confessions :

> « Un tel projet implique que chaque conception de la vie serve de cadre unificateur à tous les aspects de l'existence individuelle ("du berceau à la tombe"), qui devront être vécus à l'intérieur du pilier en question. Si les Pays-Bas ne sont pas les seuls à avoir expérimenté ce système, rarement il a été poussé aussi loin... Catholiques, protestants et socialistes ont chacun leurs syndicats, leurs hôpitaux, leurs clubs sportifs, leurs journaux, et même leurs stations de radio et de télévision. »[1]

Mais, à partir des années 1960, le système se décloisonne rapidement. Un nombre croissant de protestants refuse de s'identifier à un pilier, la société se sécularise, le pilier catholique se transforme très vite, la « sensibilité humaniste » se développe : l'Association humaniste (*Humanistisch Verbond,* créé en 1946) forme des « conseillers humanistes » pour l'assistance à l'armée, dans les hôpitaux et dans les prisons. En 1952, l'*International Humanist and Ethical Union* (IHEU) est fondée : elle est très active dans les pays anglo-saxons et, aujourd'hui, en Europe de l'Est. Tous ces éléments concourent à une transformation graduelle du système des Pays-Bas en un modèle plus « laïque », au sens français du terme.

2. **L'Allemagne.** – L'*Allemagne* constitue le second modèle d'État multiconfessionnel que nous étudierons brièvement ici. La Révolution française et Na-

1. *Ibid.,* p. 109.

poléon brisèrent le *statu quo,* qui durait depuis le traité de Westphalie (1648), entre pays protestants et catholiques. Les biens ecclésiastiques firent l'objet d'expropriations, l'Église catholique fut démantelée. Les catholiques réagirent et arrivèrent à introduire la liberté religieuse dans la Constitution de 1848. Lors de l'unification de l'Allemagne (sans l'Autriche catholique), les catholiques devinrent minoritaires ; de plus, Bismarck lutta contre eux : ce fut le *Kulturkampf.* Cette politique eut pour effet paradoxal de consolider, par réaction, l'emprise de l'Église catholique (et de son parti, le *Zentrum*) sur le peuple. Quant au protestantisme, s'il fut traversé par un courant libéral, il contribua par ailleurs à la formation de l' « esprit prussien » et à la soumission à l'autorité *(Obrigkeitsprinzip).* Cet état de fait empêcha la formation d'une union des chrétiens contre la modernisation (telle qu'elle se manifesta aux Pays-Bas entre 1900 et 1939). Mais la montée en force du Parti social-démocrate, fortement anticlérical, pouvait faire croire à la victoire possible d'un courant antireligieux. Il n'en fut rien. Au début de la République, proclamée en 1918, le gouvernement socialiste mit en œuvre une politique anticléricale, mais les Églises réagirent vivement, si bien qu'en définitive le statut de ces dernières, dans le cadre de la Constitution de Weimar, fut très avantageux. La Constitution de Weimar reconnaissait la liberté religieuse et la neutralité de l'État. Les Églises devenaient « corporations de droit public ». Elles cessaient d'être des Églises d'État, mais devenaient des « Églises du peuple » *(Volkskirchen)* : tout le monde en faisait partie, sauf démission explicite ; le droit de fonder des associations était reconnu, les Églises levaient un

« impôt d'Église » et la catéchèse était maintenue dans les écoles interconfessionnelles. Le Parti catholique vota la Constitution, bien que les catholiques fussent, comme la plupart des groupes constitués, hostiles à la République. Après 1945, la social-démocratie constitua à nouveau le parti dominant. Mais les Églises furent associées à la formation de la nouvelle identité démocratique de la RFA. Un nouvel équilibre numérique exista entre catholiques et protestants, dû au fait que l'Allemagne communiste (la RDA) était massivement de culture protestante. La Loi fondamentale de 1949 se réfère à Dieu :

« Le peuple allemand..., conscient de sa responsabilité devant Dieu et devant les hommes... »[1]

Les Églises jouissent donc d'une totale autonomie d'organisation. Ce sont des « corporations de droit public », leurs statuts font l'objet d'accords avec l'État fédéral et, le plus souvent, les *Länder*. Elles reçoivent 10 % de l'impôt sur le revenu. Leur poids est donc très grand. Elles participent par exemple aux organismes de contrôle des offices régionaux de radio-télévision. Bref, les Églises font partie, en Allemagne, de la vie publique. La réunification de 1991 a créé un nouveau rapport de forces, dans la mesure où la population d'Allemagne de l'Est est de tradition protestante, et où cinquante ans de communisme ont créé un fort courant « areligieux ».

---

1. Cité par F. Champion, art. cité, p. 66.

IV. – La religion comme élément de l'identité nationale face à un ennemi extérieur

En Irlande et en Grèce, la religion a constitué le ciment de l'identité nationale face à un ennemi « impérialiste » (le catholicisme irlandais contre la Grande-Bretagne protestante ; la religion orthodoxe grecque contre l'islam et la Turquie).

1. L'Irlande. – Le combat pour l'autodétermination de l'*Irlande* ne s'est identifié à la cause catholique qu'au XXe siècle : au XIXe siècle, la bourgeoisie protestante a fourni d'importants leaders nationalistes, comme Charles Parnell. L'insurrection de 1848 fut dirigée par les « Jeunes Irlandais », dont l'emblème était le drapeau tricolore aux « couleurs symboliques de leur rêve unitaire, le vert représentant les catholiques, l'orange les protestants, et le blanc la "trêve permanente" entre les deux »[1]. L'État libre créé en 1921 était religieusement neutre. En revanche, il en alla différemment pour la République : c'est le catholique De Valera qui, de 1921 à 1937, mena la lutte pour l'indépendance complète, et le poids de l'Église devint de plus en plus fort. En 1929, de nombreux écrivains – et, parmi eux, des Irlandais comme George Bernard Shaw, George Moore, Sean O'Casey, James Joyce, Liam O'Flaherty – furent censurés. Et, finalement, la Constitution de 1937 instaura le caractère catholique de la nation irlandaise, sans que l'Église devienne une Église d'État. Mais, selon la Constitution, la famille,

---

1. J. Guiffan, *Histoire de l'Irlande,* Paris, Hatier, 1992 ; cité par F. Champion, art. cité, p. 68.

le contrôle de l'éducation par les parents et la propriété sont l'objet d'une protection basée sur la « loi naturelle ». L'Église assure des fonctions de service public, notamment en matière d'enseignement. Et si l'article de la Constitution reconnaissant la « position spéciale » de l'Église comme « gardienne de la foi professée par la grande majorité des citoyens » a été supprimé en 1972, l'Église est toujours omniprésente en matière de morale familiale et sexuelle : en 1984, un référendum a rendu constitutionnelle l'interdiction de l'avortement. Une décision de la Cour suprême en 1992 a permis l'avortement quand il y a un danger véritable pour la mère (y compris un risque de suicide). La contradiction entre cette jurisprudence et la Constitution n'est toujours pas résolue. Mais les choses évoluent, comme l'a montré, récemment, l'autorisation d'avorter en Grande-Bretagne, accordée par la Cour suprême d'Irlande, à une adolescente qui avait été violée (1992), après des péripéties assez incroyables dans un pays moderne (arrestation de la jeune fille à son retour en Irlande, etc.). En 1986, un référendum a maintenu l'interdiction du divorce. Un référendum de 1995 a levé cet interdit (le résultat fut très serré).

2. **La Grèce.** – Le cas de la *Grèce* est éminemment délicat, à la mesure des difficultés qu'a par exemple posées, dans la consolidation d'une Europe démocratique après la chute du Rideau de fer, l'identification de l'orthodoxie avec les nations des Balkans. La religion orthodoxe a toujours été vécue comme rempart contre deux adversaires : l'islam (et les Turcs), à l'est ; le catholicisme, habsbourgeois en particulier, à l'ouest. L'orthodoxie, s'identifiant à la nation même, a

été la plupart du temps soumise à l'autorité politique, tout en se l'annexant d'un point de vue idéologique. On ne trouve pas dans les pays de tradition orthodoxe cette opposition potentielle entre l'Église et le pouvoir, toujours présente – pour le meilleur et pour le pire – en pays de tradition catholique.

« Après la chute de Constantinople, l'Église orthodoxe fut la seule institution qui survécut dans l'Empire ottoman et qui joua un rôle important (pas seulement religieux) pour les chrétiens conquis. Cela explique que le peuple grec, parfois traditionaliste, souhaite que les deux institutions maintiennent un lien même superficiel. »[1]

L'orthodoxie a joué le rôle de garante de l'identité du peuple grec sous la domination ottomane, puis pendant la guerre d'indépendance (1821-1829). Elle a fortement influencé, au XXe siècle, la « Grande Idée » selon laquelle il fallait rétablir l'Empire byzantin. Mais, comme le note Makridès, le problème est plus complexe que la simple confusion du spirituel et du temporel : des Grecs se définissent à la fois comme athées et orthodoxes, ce qui indique que la religion joue pour eux un rôle culturel et historique, indépendamment des questions de foi. Certes, on rétorquera qu'une telle référence à l'identité culturelle n'a rien de rassurant, puisqu'elle conduit un peuple à se rassembler sous le signe – devenu très nationaliste il y a quelques années, par exemple au regard de la question macédonienne – de l' « hellénité ». Il n'est pas sûr que la religion (et la liberté) aie(nt) à gagner quelque chose à cette « culturalisation » de l'orthodoxie. Bien entendu, les situations sont chaque fois

---

1. V. N. Makridès, « La tension entre tradition et modernité en Grèce », *in* J. Baubérot (éd.), *op. cit.*, p. 76.

différentes, et le judaïsme, par exemple, s'est à maints égards « culturalisé » en devenant le signe d'une appartenance, d'une mémoire, d'une fidélité, lui-même également compatible avec l'irréligiosité, mais, dans le meilleur des cas, très respectueux de l'universalisme des droits de l'homme et des principes de la laïcité. La question ne consiste pas à critiquer la religion devenue lien culturel et mémoire partagée : il s'agit bien plutôt de dénoncer une *politisation* de la religion, ce qui est tout autre chose. Que, dans la société, des individus se rassemblent librement au nom de valeurs qu'ils ne désirent nullement imposer aux autres, c'est le signe d'une richesse de diversité si, en même temps, non totalement prisonniers de cette loyauté particulière, ils se reconnaissent comme membres de l'État dont ils sont citoyens, avec ceux qui ont une mémoire et des repères différents, et, au-delà, se pensent comme « citoyens du monde » (en affirmant le respect des droits fondamentaux). Mais dans le cas où la culturalisation de la religion mène à sa politisation, c'est-à-dire à l'emprise d'un groupe « ethnique » sur l'État, la situation est complètement différente : cette fois, la mémoire collective englobe – de façon plus ou moins contraignante – la totalité du social, et l'Autre se trouve dans une situation de subordination plus ou moins radicale au groupe dominant. Que l'on pense seulement à l'idée d'un « arc orthodoxe » dans les Balkans, considéré comme une réponse à l'« arc musulman » dominé par la Turquie : certains ont utilisé une telle idée comme justification de la purification ethnique.

La Grèce n'en est, bien entendu, pas là (mais la complaisance des gouvernements grecs successifs vis-à-vis de l'impérialisme serbe dans les années 1990 a fait, elle, problème). Elle est membre du Conseil de l'Europe, ce qui rend parfois difficile sa position au regard de la Convention européenne des droits de l'homme : la religion était, en Grèce, indiquée sur la carte d'identité, jusqu'à la suppression de cette mention en 2000. Même la gauche, dans les années 1990, s'est signalée par une référence « national-religieuse » obligée à l'orthodoxie. Ici aussi, l'histoire explique beaucoup de réflexes. Il n'empêche que cette situation est sûrement l'une des plus préoccupantes, quant à la laïcisation du politique, dans les pays de l'Union européenne et du Conseil de l'Europe.

L'Église orthodoxe grecque a été séparée du patriarcat œcuménique de Constantinople et est devenue autocéphale en 1833. Toutes les Constitutions grecques ont reconnu l'Église orthodoxe comme « religion dominante » et « prépondérante » de l'État grec[1]. La Constitution de 1975 (révisée en 1986) fut promulguée au nom de la « Sainte Trinité, consubstantielle et indivisible ». L'Église forme un département du ministère de l'Éducation nationale et des Religions. Elle possède le statut de personne morale de droit public. Mais la liberté religieuse est reconnue, quoique le prosélytisme soit interdit et réprimé,

« car on considère tout effort de propager des idées non orthodoxes (de "nouveaux mouvements religieux") comme extrêmement dangereux pour la tradition orthodoxe du pays. Grâce à l'État..., l'Église prend des mesures contre les idées qu'elle considère comme hérétiques... Ce droit au quasi-monopole est vu par d'autres groupes religieux comme une atteinte à la liberté de croyance et une discrimi-

---

1. V. N. Makridès, art. cité, p. 74.

nation à l'égard de certains citoyens grecs. C'est pourquoi la Grèce est souvent citée devant diverses organisations internationales pour non-respect de la liberté religieuse »[1].

L'État grec a été récemment condamné par la Cour européenne des droits de l'homme parce qu'il avait emprisonné un Témoin de Jéhovah pour « prosélytisme ». Ce n'était malheureusement pas la première fois[2].

---

1. *Ibid.*, p. 79.
2. Voir *Kokkinakis contre Grèce*, décision du 25 mai 1993.

Chapitre III

ANALYSE DU CONCEPT DE LAÏCITÉ : COMPLEXITÉ ET PARADOXES

Les pays démocratiques peuvent donc être dits « laïques » au sens où ils respectent la liberté religieuse et, en général, les droits fondamentaux, tels que ceux énoncés dans la Convention européenne des droits de l'homme (et en particulier les articles 9 sur la liberté de conscience, et 14 sur la non-discrimination, notamment pour raison religieuse). Mais la laïcité au sens strict, à la française, n'est *pas* protégée par le droit international : nul texte n'impose aux pays démocratiques une séparation stricte, et n'interdit par exemple la rémunération des ministres du culte. Dans certains États ou parties d'États, on l'a vu, une religion est même, à un titre ou à un autre, officielle (Angleterre, Danemark, Grèce). Cela n'empêche pas – sauf peut-être pour le cas de la Grèce – que les grandes libertés fondamentales concernant la laïcité *sensu lato* (de conscience, d'expression, de culte, d'association, d'enseignement) y soient tout aussi bien respectées qu'en France. Certes, en Belgique par exemple, le mouvement laïque critique le poids (souvent symbolique, mais aussi financier) de l'Église catholique, les liens entre la famille royale et la hiérarchie catholique, etc. Mais cela montre en quelque sorte *a contrario* à quel point la laïcité a progressé : si le combat ne se mène plus qu'à propos de problèmes en définitive bénins, c'est précisément que la domination intolérante d'une confession, la monopolisation de l'État par cette dernière, apparaît – dans les pays démocratiques – comme appartenant au passé. Et cela d'autant plus que les véritables dangers sont ailleurs : régimes totalitaires dans lesquels une idéologie s'impose par la contrainte la plus brutale (ou la plus sophistiquée, par la propagande, etc.), ou régimes religieux intégristes (comme en Iran) dans lesquels la religion joue le rôle de Vérité officielle, avec pour corrélat la persécution des dissidents, fussent-ils non-violents (comme les Ba'hai).

I. – La laïcisation antireligieuse

À cette difficulté s'en ajoute une autre, liée à la nature même de l'État laïque. On a souvent souligné le fait qu'en France, dans les années 1880 (laïcisation scolaire) et au début du XXe siècle (laïcisation de l'État lui-même), l'Église se trouvait confrontée à un courant libre-penseur, rationaliste, non seulement anticlérical mais également antireligieux : le positivisme avait souvent pour conséquence non pas seulement d'imposer à la religion un retrait du politique, c'est-à-dire la fin de la confusion entre une croyance particulière et la « chose de tous », mais de la considérer comme une chose du passé, comme l'incarnation d'un Ancien Régime décidément incompatible avec les idéaux de la modernité démocratique. C'était certes confondre la religion avec la religion d'État, la spiritualité avec le *compelle intrare,* ou plus simplement ne retenir dans l'histoire du christianisme que son passé d'intolérance, de bigoterie et de persécution. Les laïques ont donc à ce moment, confortés qu'ils étaient par la confessionnalisation de la société, et en particulier de l'école, à laquelle ils avaient été confrontés à l'époque de l'Empire autoritaire (1852-1860) et à celle de l' « Ordre moral » des débuts de la IIIe République sous Mac-Mahon (1873-1879), souvent cru que l'État de l'intérêt général ne pourrait décidément se construire qu'en éliminant définitivement le recours à ce que Marx avait appelé, dans les années 1840, l' « opium du peuple » :

« La misère religieuse est tout à la fois l'*expression* de la misère réelle et la *protestation* contre la misère réelle. La religion est le soupir de la créature accablée, l'âme d'un monde sans cœur, de même qu'elle est l'esprit d'un état de choses où il n'y a point d'esprit. Elle est l'*opium du peuple*... La critique de la religion contient en germe la *critique de la vallée de larmes* dont la religion est l'*auréole*. »[1]

Une telle vision combattante et matérialiste de la laïcisation n'était certes pas celle de tous : Ferry était protestant, et Combes était « spiritualiste ». Ce dernier écrivait, dans ses *Mémoires* (1907) :

« J'ai été toute ma vie un spiritualiste fervent, qui a essayé sans succès de plier son intelligence à la dogmatique de l'Église... Aujourd'hui, malheureusement, le positivisme... éloigne, comme autant de maladies, les moindres vestiges de spiritualisme. Les générations nouvelles sortiront-elles de cet enseignement plus vigoureuses d'esprit, plus saines de jugement, plus accessibles aux nobles penchants, plus désintéressées, plus dévouées au bien public

---

1. K. Marx, *Pour une critique de la philosophie du droit de Hegel. Introduction,* in *Œuvres III. Philosophie,* Paris, Gallimard, « Bibliothèque de la Pléiade », 1982, p. 383. C'est Marx qui souligne.

que les générations précédentes, celles qui ont préparé, consolidé le régime républicain ? Il est permis d'en douter. »[1]

Le rationalisme et le positivisme progresseront à la fin du XIXe siècle et au début du XXe (comme en témoignent les inquiétudes de Combes). Il y a bien sûr, entre ces conceptions de la laïcité-séparation et le ralliement catholique à la laïcité-neutralité lors de l'élaboration de la Constitution de 1946, un abîme : dans le premier cas, l'État devient celui de tous en éradiquant le dogmatisme, l'intolérance et l'esprit de soumission, conçus comme consubstantiels à l'esprit religieux, et en particulier au catholicisme du *Syllabus* (1864), dans lequel Pie IX manifesta son opposition à la modernité, et du Ier concile du Vatican (1869-1870), lequel proclama le principe de l'infaillibilité pontificale. Dans l'autre, l'État accède à la transcendance de l'intérêt général en ne prenant pas position sur les questions de la vie bonne, et donc en protégeant les religions tout en empêchant qu'elles ne « recolonisent » la sphère publique (ce qui fut la crainte des intellectuels qui, au début de l'affaire du foulard islamique, en 1989, avaient, avec quelque emphase, parlé d'un « Munich de l'éducation »).

On pourrait donc soutenir qu'après tout, le caractère antireligieux de la laïcité des années 1880-1910 ne fut que conjoncturel et qu'en bonne logique il faut toujours séparer le contingent du nécessaire, l'accidentel de l'essentiel. En fait, les arguments concernant les fondements de l'attitude laïque peuvent aisément se retourner contre leur émetteur : à l'athée ou au

---

1. Cité par J. Baubérot, *op. cit.*, p. 62-63.

sceptique qui stigmatise l'incapacité des tenants d'une Vérité une à la tolérance, à la discussion et à l'ouverture à autrui, répondra le chrétien qui soutiendra que le combat pour la reconnaissance de l'autonomie individuelle ne peut se mener que si, justement, on n'est *pas* relativiste : comme le disait (pour s'en désoler jusqu'au suicide) Ivan Karamazov, si Dieu n'existe pas tout est permis[1], la hiérarchie des valeurs s'effondre, le nihilisme et le cynisme menacent. Et d'ajouter qu'un christianisme purifié, comme celui d'Érasme par exemple, permet de dénoncer les religions politiques et le « *force-les d'entrer, pour que ma maison soit remplie* » de Luc, tout en défendant catégoriquement les droits de la personne, conçue comme sacrée parce que créée à l'image de Dieu. Le libre-penseur rétorquera que lui, au moins, ne se soumet pas à une vérité transcendante, laquelle, d'une manière ou d'une autre, se subordonne la raison critique, et qu'il est prêt, à la différence du religieux, à construire un monde purement humain délivré des mythes et préjugés qui divisent les peuples. La discussion pourrait se poursuivre – et se poursuit – à l'infini, d'autres interlocuteurs pouvant s'y introduire : le Juif faisant valoir dans sa tradition l'absence de magistère et la controverse permanente à propos de la Torah, le protestant invoquant la prêtrise universelle, principe au moins en théorie démocratique, ainsi que le libre-examen des textes sacrés, le musulman excipant de l'absence d'autorité religieuse centrale dans

---

1. La phrase exacte ne se trouve pas littéralement, contrairement à ce que l'on croit d'habitude, chez Dostoïevski. Mais elle résume bien les propos d'Ivan, athée idéaliste et désemparé par les conséquences d'un monde sans Dieu (F. Dostoïevski, *Les frères Karamazov,* Paris, LGF, « Le Livre de poche », 1962, p. 86-87).

l'islam[1], etc. On imagine, bien entendu, les réponses à de tels arguments, et la poursuite, l'affinement du dialogue.

Mais de telles controverses sont parfaitement normales, et probablement fécondes : il est possible de s'accorder sur l'idéal de l'État de droit (l'État de tout le *laos*) au nom de principes philosophiques et éthiques différents, riches d'ailleurs de solutions diverses, et alimentant donc le débat sur l'intérêt général.

II. – Quelle garantie du lien social : religion ou morale laïque ?

C'est dans un tel contexte historico-philosophique qu'il faut, à mon sens, comprendre le combat, à la fin du XIXe siècle, autour des cours d'instruction religieuse et de morale laïque : la question consistait à savoir quel était le garant du lien social, la religion ou « autre chose », à savoir une éthique d'inspiration purement humaine. Cette dernière possédait l'avantage sur les confessions d'apparaître comme partageable par tout le *laos*, d'être potentiellement acceptable par ce que Perelman a appelé l' « auditoire universel »[2] ; mais son désavantage consistait en son caractère évanescent : par principe, elle devait être accessible à tout

---

1. Cela engendre d'ailleurs, pour l'islam français notamment, un problème sérieux de représentativité. La communauté musulmane est divisée suivant différents clivages : pays d'origine, traditions, générations, problème des harkis, des Français convertis à l'islam, action de pays tels que l'Algérie, le Maroc, l'Arabie Saoudite... (cf. Barbier, p. 215-216). On ne peut encore évaluer sérieusement aujourd'hui l'action du Conseil français du culte musulman mis en place par Nicolas Sarkozy en 2003.
2. Cf. Ch. Perelman, *Traité de l'argumentation,* Bruxelles, Éd. de l'Université, 1970, p. 39-46.

interlocuteur de bonne foi (et non seulement à ceux qui partageaient un credo donné), mais son contenu faisait problème. On ne s'est certes pas privé de tenter de le « définir » par les moyens les plus contestables, et le rationalisme ou le positivisme, le matérialisme dialectique, toutes les théories purement « mondaines » et prétendument « scientifiques » du lien social et de l'émancipation humaine ont joué le rôle d'une sorte de contre-mythe, de mythe « laïque » (au sens d'une morale prétendument purement objective et s'appuyant sur la science).

Au fond, et la morale religieuse et la morale « laïque » restent enfermées, alors qu'elles visent l'universel, dans la particularité : la première, parce que sa Vérité ne vaut que pour la partie de la société qui y croit ; la seconde, parce qu'elle tente, peut-être vainement, de découvrir, par l'usage de la seule raison naturelle, une Objectivité métaphysique ou scientiste dont il y a tout lieu de croire aujourd'hui qu'elle lui échappe décisivement. Si bien que chacun lutte contre une sorte de fantôme : les libres-penseurs contre une image de la religion qui n'est plus celle des Églises « libéralisées », les religieux contre une image de la raison prométhéenne, conquérante et dogmatique que Kant avait déjà déconstruite dans la « Dialectique transcendantale » de la *Critique de la raison pure* (1781). La progression d'une rationalité aux mains de ceux qui visent des buts de domination est bien entendu préoccupante pour tous, religieux et non religieux, dans la mesure où elle met en danger aussi bien la séparation du politique par rapport aux Églises (à laquelle tiennent par-dessus tout les laïques libres-penseurs) que la liberté religieuse (à laquelle sont bien normalement attachés les catholiques – comme cela apparaît très clairement déjà durant la Restauration, mais surtout lors de l'adoption des Constitutions des IVe et Ve Républiques, qui définissent la France comme une république laïque). Comme il s'agit de deux mythes symétriques (accession à la Vérité globale de l'homme et du monde par la religion de la transcendance ou par la « religion séculière »), les laïques authentiques se doivent de les déconstruire et de les combattre ensemble. Chacun gardera, c'est certain, son idée : l'un soulignera que, dans un monde déserté par les dieux, seule une religion humaniste peut sauver la société de la barbarie, alors que l'autre verra dans les vertus de la raison critique et d'une tolérance purement mondaine le garant le plus solide de l'universalité des droits de l'homme et de la soumission du politique à des valeurs morales partagées.

III. – Laïcité, libéralisme et citoyenneté

C'est que la séparation de l'État et des Églises, comme on en parle habituellement dans le cadre des débats sur la laïcité, n'exprime sans doute pas parfaitement le processus d'émancipation politique à l'œuvre dans les sociétés démocratiques contemporaines. Il ne s'agit pas, en effet, de conférer à l'État une sorte d'impunité « machiavélienne » et de lui permettre de domestiquer les confessions. Au contraire, cet État lui-même doit être restreint dans sa souveraineté au nom du respect des droits de l'homme, c'est-à-dire de valeurs supérieures. L'État doit donc être « séparé » des droits de l'homme, il ne peut les instrumentaliser. C'est parce que les droits de l'homme sont supérieurs à l'État que ce dernier se sépare de la société civile, c'est-à-dire qu'il incarne bien l'intérêt général.

Mais présenter les choses de cette manière est encore insuffisant : les droits de l'homme ne constituent en quelque sorte qu'un intérêt général « mince », autrement dit les conditions mêmes de toute vie humaine digne et de toute vie en société, puisqu'ils garantissent la libre recherche pour chacun, dans le respect du même droit pour autrui, de la vie bonne. Or une interprétation purement libérale de la laïcité s'en tiendrait à cette idée d'un État-arbitre, garantissant les grandes libertés de conscience, de culte, d'enseignement et d'association, bref laissant agir pleinement les membres de la société civile en réduisant son propre rôle à celui d'un gendarme[1]. C'est une tendance que l'on trouve fortement présente aux États-Unis dans le discours libertarien sur l'État minimal : le politique doit garantir la sécurité minimale mais n'être porteur d'aucune conception du bien commun et ne pas se transformer en État redistributeur *(Welfare State),* c'est-à-dire vouloir résoudre la question sociale, laquelle devrait, selon cette conception, essentiellement relever de la société civile. Un tel discours entraîne une conception de la laïcité qui n'est *pas* celle qui a eu cours en France depuis les années 1880 : la laïcité républicaine suppose au contraire une école et un État porteurs d'une idée *forte* de citoyenneté, et s'accommode mal de l'idée suivant laquelle l'initiative en matière de valeurs morales pourrait être en quelque sorte entièrement absorbée par la société. L'idée républicaine de citoyenneté n'a rien d'ethnique, elle est basée

1. Voir M. Gauchet (le chapitre intitulé « Le sacre de la société civile »), *La religion dans la démocratie. Parcours de la laïcité,* Paris, Gallimard, coll. « Folio-Essais », 1998, p. 102-120. Voir aussi P.-A. Taguieff, *Résister au bougisme : démocratie forte contre mondialisation techno-marchande,* Paris, Mille et une nuits, 2002.

sur les valeurs de liberté, d'égalité et de fraternité, c'est un projet qui fait de la nation française, prise bien entendu au mieux d'elle-même, une entité ouverte sur l'universel, accessible à tous ceux qui sont désireux de s'*intégrer* à un tel projet. En vérité, ce projet républicain ne s'est jamais présenté de façon « pure » : l'intégration à la Nation n'a jamais seulement signifié l'adhésion à un projet non ethnique de citoyenneté mais a toujours (c'est quasi inévitable) été affectée par d'autres éléments, très critiquables ceux-là, tels une conception ethnocentriste de l'universalité de la langue française ou un nationalisme anti-allemand qui, sous sa forme la pire, s'est manifesté dans le camp des antidreyfusards à la fin du XIXe siècle. Mais il ne faudrait pas croire que la « mauvaise » idée de la nation ne relève que d'éléments traditionnels, à savoir la résistance de survivances de l'Ancien Régime au processus de modernisation laïque : la France révolutionnaire et jacobine, prétendument porteuse d'un projet de transformation radicale de l'homme, a elle-même lesté l'idée républicaine et citoyenne d'un poids idéologique qui l'a rendue partiale et partielle, et l'a en quelque sorte « délaïcisée ». Si bien que l'idée républicaine se trouve prise entre deux feux : d'une part, elle risque toujours de ne servir qu'à une conception particulière du Bien, de refermer la Nation sur elle-même en la ramenant à l'incarnation d'une Vérité soit moderniste et jacobine, soit traditionaliste et contre-révolutionnaire ; mais, d'autre part, cette idée peut, exactement à l'inverse, se trouver dissoute dans la conception libérale (plus exactement : libertarienne) de l'État-gendarme, selon laquelle le politique n'incarne plus qu'une sorte d'arbitre garant de ce que la société civile, seul lieu de la formation des valeurs, ne se transformera pas en guerre de tous contre tous. Les combats autour du projet laïque ont toujours impliqué, de façon parfois obscure, cette difficulté : quand Ferry et Buisson développaient deux conceptions divergentes de l'école laïque, c'était déjà une telle dichotomie qui articulait leur opposition, puisque le premier défendait, du moins dans le discours cité plus haut, une neutralité radicale (rien ne devait choquer la conscience des enfants : autant dire que le contenu « civique » ou moral de l'enseignement risquait de se réduire à peu de chose), tandis que le second plaidait en faveur d'un contenu « fort » de l'enseignement, de valeurs républicaines, lesquelles apparaissaient comme radicalement antagonistes avec celles de l'Église[1].

IV. – La « nouvelle laïcité »

Or le débat récent concernant la « nouvelle laïcité » ne reproduit-il pas à son propre niveau cette difficulté ? On sait que, depuis une dizaine d'années, des groupements (très souvent, mais pas toujours, religieux) plaident en faveur d'une réévaluation des valeurs laïques, d'une « adaptation » de la laïcité aux problèmes nouveaux qui se posent à la fin du XXe siècle. Jean Baubérot a même parlé d'un troisième « pacte laïque »[2], une sorte de troisième génération de la laïcité, faisant suite au système concordataire du XIXe siècle et au système de la séparation du XXe. Cette laïcité nouvelle (« ouverte », etc.) n'est à vrai dire pas si neuve que cela : elle était déjà présente dans l'interprétation que donnaient les catholiques (notamment

1. Voir chap. IV.
2. Cf. J. Baubérot, *op. cit.*, p. 101 sq.

au MRP) de la laïcité constitutionnelle de 1946 et de 1958, c'est-à-dire dans l'idée suivant laquelle la liberté religieuse *prime* la laïcité-séparation, ce qui correspond d'ailleurs à la situation de la plupart des pays d'Europe et à l'état présent du droit international. En effet, ni la Déclaration universelle des droits de l'homme de l'ONU (1948), ni la Convention européenne des droits de l'homme de 1950 et ses protocoles additionnels, ni le Pacte de l'ONU sur les droits civils et politiques (1966) ne mentionnent la laïcité. Autrement dit, l'accord sur la constitutionnalisation de la laïcité s'est fait (ce qui est très fréquent en politique) dans l'ambiguïté, dans la mesure où le terme lui-même n'était pas défini dans les Constitutions des IVe et Ve Républiques (rappelons qu'il était absent de la Loi de Séparation de 1905). Une notion de combat risque toujours de s'émousser quand ses adversaires, pour des raisons de conviction et/ou d'opportunité, s'y rallient : des compromis sont inévitables (la création des associations diocésaines en est un exemple, le retour des congrégations enseignantes un deuxième, la loi Debré sur les subventions accordée aux écoles privées sous contrat, simple ou d'association, un troisième) ; qui plus est, il est toujours possible que l'adversaire modifie subrepticement à son avantage la définition même du principe auquel il se rallie : il faut quand même toujours se rappeler que le droit au port du « foulard » a été défendu au nom du pluralisme et de la liberté d'expression, bref des droits de l'homme, alors qu'il symbolise, en particulier pour les femmes d'Iran et, jusqu'à l'intervention américaine de 2001, d'Afghanistan, l'oppression du *laos* par une de ses fractions fondamentalistes (et, en l'occurrence, la discrimination subie par les femmes en terre d'islam).

On n'accusera, bien entendu, pas tous les tenants de la « nouvelle laïcité » de tels projets machiavéliques, et on ne réduira même pas la revendication du port du foulard à la corruption d'un idéal émancipateur par ses adversaires les plus intransigeants. Mais rappelons quand même qu'aux États-Unis, les fondamentalistes veulent introduire dans l'enseignement public un cours optionnel de biologie « créationniste » au nom du pluralisme et de la liberté de choix, et qu'en Europe les négationnistes réclament souvent un débat public sur leurs « thèses » au nom du libre-examen, de la tolérance et de la déontologie « scientifique ». Bref, dans certains cas – qu'il ne faut pas généraliser –, le loup *est* dans la bergerie : l'adversaire le plus intransigeant de la laïcité *sensu lato* (d'un État dégagé de l'emprise des confessions) utilise le langage même de ses ennemis. C'est dans de telles conditions qu'une vigilance critique apparaît d'autant plus nécessaire que des notions telles que la laïcité et les droits de l'homme sont considérées comme simples, évidentes, « bien connues » (comme le disait Hegel de notions trop vite acceptées sans justification). Bien entendu, les défenseurs d'une laïcité nouvelle sont souvent très respectables et posent des questions dignes d'intérêt : mais il fallait, pour aborder la question de façon rigoureuse, rappeler l'existence de mouvements antimodernes et antirépublicains (ou antilibéraux), récupérant à leur profit le combat émancipateur. En un sens, les défenseurs de la laïcité « ouverte » demandent simplement que les deux faces de la médaille laïque soient considérées : un État séparé des Églises, des Églises libres par rapport à l'État. C'est la seconde face de la médaille qui fait problème pour tous ceux qui considèrent que le combat laïque originaire s'est manifesté sous des formes trop antireligieuses. Or s'il est indéniable que la laïcité doit se dégager d'un combat antireligieux qui date du temps où l'Église refusait les libertés publiques (et donc la séparation avec l'État), il n'en reste pas moins que le mouvement de balancier peut porter trop loin dans l'autre sens : en redonnant aux Églises une position politique qu'elles avaient perdue, et en permettant une sorte de recolonisation rampante de la sphère publique par la sphère de la société civile. Bref, c'est une conception *à la fois libérale et communautarienne* de la laïcité qui risque de remplacer la notion républicaine, ramenant l'activité citoyenne à la portion congrue et redonnant aux confessions un pouvoir de façonnement des esprits qui leur avait été progressivement arraché, au fil de la progression de la laïcité[1]. *Libérale* : l'État républicain serait ramené à un arbitre, garant de ce que les conceptions de la vie bonne différentes qui émergent de la société ne se manifestent pas par la violence et l'exclusion. *Communautarienne* : les Églises reconstitueraient leurs communautés, recoloniseraient la sphère publique et mettraient en cause la laïcité républicaine. Certes, libéralisme et communautarisme sont à maints égards absolument antagonistes : le premier défend les droits d'autonomie individuelle, le second les droits (ou les traditions) du groupe. Mais tous deux ont pour trait commun de viser à *l'affaiblissement de l'État laïque* en lui réservant la portion congrue.

---

1. Voir sur ce point un autre – excellent – chapitre de M. Gauchet, *La religion dans la démocratie, op. cit.,* p. 121-140 (« L'âge des identités »).

Tous deux, donc, peuvent rendre possible sa reconquête par la « société », promue lieu unique de formation des valeurs. Or chacun sait que des individus formés dans des traditions radicalement différentes ne pourront communiquer et former, par-delà leurs diverses appartenances, une « communauté de citoyens », selon l'expression de Dominique Schnapper : le libéralisme ne favorise pas directement la tribalisation de la société, il la suscite indirectement en affaiblissant son seul contrepoids possible, celui d'un État « républicain » capable d'incarner une nation démocratique et ouverte. Une société composée d'atomes privés et « consommateurs » et/ou de communautés simplement coexistantes constituerait un danger fondamental pour la citoyenneté, c'est-à-dire pour la participation responsable de chacun à la « chose de tous ». Nous en tirerons plus loin les conséquences philosophiques. Mais il apparaîtra immédiatement, dans la suite, qu'une augmentation du pouvoir des groupes religieux et un affaiblissement corrélatif de l'État, « domestiqué » par ceux-ci, peuvent exercer une influence délétère sur le principe de la liberté d'expression.

V. – **Liberté religieuse et liberté d'expression**

1. **L'arrêt Handyside.** – L'importance de la religion dans la société se manifeste en particulier par la manière dont l'État traite le *blasphème*. Une décision de la Cour des droits de l'homme à Strasbourg (affaire Handyside) a fixé, il y a une dizaine d'années, la jurisprudence de cette juridiction gardienne de la Conven-

tion européenne des droits de l'homme, en matière de liberté d'expression :

« La liberté d'expression constitue l'un des fondements essentiels d'une société démocratique et vaut même pour les idées qui heurtent, choquent ou inquiètent. »[1]

Les propos choquants sont donc couverts par l'article 10 de la Convention, lequel garantit la liberté d'expression. Certes, des limitations sont apportées à cette liberté :

« L'exercice de ces libertés... peut être soumis à certaines... restrictions..., prévues par la loi, qui constituent des mesures nécessaires, dans une société démocratique, à la sécurité nationale, à l'intégrité territoriale ou à la sûreté publique, à la défense de l'ordre et à la prévention du crime, à la protection de la santé ou de la morale, à la protection de la réputation ou des droits d'autrui... »[2]

Mais, comme on le voit, de telles limitations sont elles-mêmes strictement énumérées et doivent en tout état de cause être jugées « nécessaires dans une société démocratique ». La Cour de Strasbourg a souvent adopté une attitude très libérale en la matière. Or, en 1994, un arrêt (affaire Otto-Preminger-Institut)[3] l'a engagée dans une direction inquiétante : la société Otto-Preminger, qui a son siège à Innsbruck, avait voulu projeter un film de Werner Schroeter, basé sur la pièce classique (et très anti-catholique) d'Oskar Panizza, *Le concile d'amour*. Des poursuites pénales avaient été engagées par le procureur sur requête du diocèse d'Innsbruck de l'Église catholique romaine, considérant que la diffusion d'un tel film relevait de la

---

1. *Handyside contre Royaume-Uni*, décision du 7 décembre 1976.
2. Convention européenne des droits de l'homme, art. 10, § 2.
3. *Otto-Preminger-Institut contre Autriche*, décision du 20 septembre 1994.

> IDÉES AUTRE QUE « SIGNES OSTEN
> AU PROSÉLYTISME. *express*

tentative de « dénigrement de préceptes religieux », infraction réprimée par l'article 108 du Code pénal autrichien. Le tribunal régional d'Innsbruck ordonna la saisie du film, qui ne put donc être diffusé. L'appel de l'Institut Otto-Preminger fut rejeté. Le 10 octobre 1986, le tribunal régional d'Innsbruck ordonna la confiscation du film. Le procureur général refusa d'introduire un pourvoi auprès de la Cour suprême autrichienne. L'affaire fut alors portée devant la Commission des droits de l'homme, puis devant la Cour des droits de l'homme de Strasbourg, laquelle, à la stupéfaction de nombreux juristes spécialistes de sa jurisprudence, donna raison aux juges autrichiens en invoquant les limitations à la liberté d'expression, en l'occurrence le respect, mentionné dans le § 2 de l'article 10 de la Convention, cité plus haut, des droits d'autrui. La Cour soulignait que la liberté d'expression devait être, comme le prévoit l'article 10, exercée en assumant des « devoirs et des responsabilités ». En l'occurrence, il s'agissait d'éviter des expressions « gratuitement offensantes » pour autrui et constituant donc une atteinte à ses droits. La Cour poursuivait en affirmant qu'on peut juger nécessaire, dans les sociétés démocratiques, de sanctionner des attaques injurieuses contre des objets de vénération religieuse. En conséquence, les juges de Strasbourg, de façon très surprenante, considérèrent qu'il n'y avait *pas* eu violation de l'article 10 de la Convention. C'était sans doute la première fois dans l'histoire de la Cour que la référence aux « droits d'autrui » concernait la liberté de religion d' « autrui » : les juges considéraient donc que *Le concile d'amour* ne pouvait être projeté, parce qu'il risquait d'offenser la sensibilité catholique et de mettre en cause la liberté de religion.

Cette affaire est symptomatique de ce que les droits de l'homme, et les principes de la laïcité en particulier, ne peuvent être défendus que si une vigilance de la société se manifeste sans relâche vis-à-vis d'un affaiblissement, toujours possible, des protections. L'arrêt Handyside avait tracé la voie d'une doctrine compatible avec les exigences fondamentales de la liberté d'expression : « les idées qui heurtent, choquent ou inquiètent » doivent pouvoir être exprimées et discutées, sans quoi cette liberté se réduirait comme une peau de chagrin. À ce compte, chaque groupe dont les croyances seraient attaquées, discutées un peu « vivement » ou encore moquées se réserverait le droit de demander la censure de propos qui le gêneraient : c'est ce qu'ont fait les juges autrichiens au nom de la sensibilité catholique, certes majoritaire à Innsbruck – mais ce n'est pas une raison suffisante. Ainsi glisserait-on rapidement vers la notion extrêmement dangereuse de « diffamation collective » : de la même manière que les atteintes à l'honneur de l'individu sont interdites (il y a délit de calomnie ou de diffamation si l'on n'arrive pas à prouver une mise en cause de la respectabilité d'autrui), il en irait logiquement de même pour les atteintes aux convictions d'un groupe. À cette aune, les grands polémistes anti-catholiques (Voltaire, Sartre...), voire catholiques (Bloy, Bernanos, Péguy...), auraient été censurés depuis longtemps[1].

2. **L'affaire Rushdie.** – On peut relier à cette question l'affaire Rushdie, si centrale pour le débats contemporains sur la laïcité. Au début de la contro-

1. Voir aussi *Wingrove contre Royaume-Uni,* décision du 25 novembre 1996, citée plus haut.

verse, c'est-à-dire avant la *fatwa* de l'imam Khomeiny « condamnant à mort » l'auteur des *Versets sataniques,* son livre avait été brûlé en Angleterre. Rushdie, citoyen britannique originaire d'une famille de musulmans indiens, avait publié son ouvrage en 1988. L'autodafé d'exemplaires de ce dernier constituait clairement une atteinte violente à la liberté d'expression. Plus précisément, il s'agissait, de la part des défenseurs des musulmans fondamentalistes qui avaient brûlé les *Versets,* de montrer que l'État devait protéger la confession musulmane d'une « diffamation » profondément blessante, attentatoire à l'honneur de tous ceux qui se réclamaient de l'islam, en Angleterre et dans le monde. Apparemment, il n'était pas question de vouloir « délaïciser » l'État, du moins officiellement : on se basait, comme c'est très souvent le cas actuellement, sur l'idée même d'État laïque et sur les droits de l'homme pour tenter de montrer que le fait de vouloir censurer les *Versets* ne relevait nullement de l'idée d'une recolonisation du politique par un groupe idéologique particulier. Il se serait agi en l'occurrence d'une volonté, de la part des adversaires « modérés » de Rushdie, de réclamer le respect de toutes les confessions en interdisant leur diffamation collective, c'est-à-dire le blasphème[1]. Certains étaient d'ailleurs prêts, tout en « comprenant » les débordements, à se désolidariser des méthodes violentes d'opposition, en l'occurrence de l'autodafé, de sinistre mémoire. Autrement dit, les musulmans conservateurs auraient simplement fait jouer les protections normales de

---

1. Cf., sur ce point, P. Dartevelle, P. Denis et J. Robyn (éd.), *Blasphème et libertés,* Paris, Éd. du Cerf, 2ᵉ éd., 2003.

l'État-arbitre : au nom de tout le *laos* (et non d'une de ses parties), il serait légitime de protéger les confessions des attaques malveillantes. On voit, sur ce point, combien, très souvent, la stratégie discursive des adversaires de la laïcité consiste à utiliser (perversement) les arguments des défenseurs de cette dernière : l'État-arbitre doit protéger la liberté (en l'occurrence de conscience) menacée, il reste dans son rôle quand il impose aux attaques une certaine « réserve ». Or, justement, qui avait vraiment lu les *Versets* ? Certainement pas ceux qui manifestaient, dans les villes du Pakistan, en brûlant Rushdie en effigie, alors que le livre n'avait, bien entendu, pas été traduit en urdu (les traducteurs du livre dans d'autres langues ont souvent été menacés et agressés). N'était-ce pas le droit incontestable de l'écrivain Rushdie d'exercer sa liberté d'expression en prenant ses distances, de façon fictionnelle et humoristique, vis-à-vis de la tradition dans laquelle il avait été éduqué ? N'est-il pas tout à fait classique que les représentants les plus puristes des traditions s'en prennent, non seulement à ceux qui décident de les « quitter »[1], mais également à ceux qui en proposent une réinvention propre ? Si tout groupe dont l'orthodoxie est mise en question se permet de réclamer que le bras séculier de l'État laïque s'abatte sur ses dissidents (qui ne mettent pas, eux, violemment en cause les droits des « orthodoxes » à continuer sur la voie puriste qu'ils ont choisie), la liberté d'expression disparaîtra : la société s'identifiera de plus en plus à

---

1. « Toute personne a droit à la liberté de pensée, de conscience et de religion ; ce droit implique *la liberté de changer de religion ou de conviction...* » (Déclaration universelle des droits de l'homme [1948], art. 18 ; je souligne).

une sorte de mosaïque de groupes conservateurs, revendiquant fortement leur identité et leur « authenticité », et négociant – dans le meilleur des cas – entre eux des compromis de façon à éviter que ne s'exprime la parole critique individuelle et « dissidente ». Ce serait pour le coup qu'une « Sainte-Alliance des clergés »[1] aurait pu se mettre en place en utilisant les arguments de la laïcité elle-même. Au pis, un groupe, fort de sa puissance par rapport aux autres, les exclurait purement et simplement de la vie sociale et politique.

Que l'on comprenne bien l'enjeu essentiel du débat. L'État laïque peut légitimement utiliser le monopole de la violence légitime qui est le sien en entravant l'action de ceux qui cherchent à imposer leur idée de la vie bonne à autrui. Si Rushdie avait fait placarder les *Versets* dans les mosquées ou s'en était pris de façon violente aux musulmans (s'il avait par exemple brûlé... des Corans), c'est *lui* que la justice aurait sanctionné. Il a seulement exprimé des idées – certes, les idées, par nature, ne plaisent pas à tout le monde – et, de ce point de vue, il avait droit à une protection inconditionnelle. Si nous en revenons à l'arrêt Handyside, ce dernier avait magistralement défini le champ d'exercice de la liberté d'expression : même la manifestation d'idées qui heurtent, choquent ou inquiètent est protégée par l'article 10 de la Convention européenne des droits de l'homme. C'est la raison pour laquelle il est particulièrement préoccupant qu'une juridiction censée dire le droit des droits de l'homme se soit récemment laissée aller à cautionner l'attitude des juges autrichiens, lesquels

---

1. A. Finkielkraut, *Le Monde,* 25 octobre 1989.

ont censuré un film uniquement parce qu'il heurtait la sensibilité d'une partie[1] de la population. Aujourd'hui, aux États-Unis, l'exigence de *political correctness* engendre parfois des effets d'autocensure dans le but de ne pas choquer les membres des groupes capables de faire entendre leur « indignation ». Dans un tel contexte de prudence et de frilosité intellectuelle, la laïcité est, n'en doutons pas, menacée : au lieu de protéger les individus dans leur droit d'adhérer à différentes conceptions du Bien, la société risque de dépendre de plus en plus des groupes organisés capables de faire régner l'hypocrisie et la domination de la « pensée » la plus conventionnelle. Le risque, c'est, comme le disait Marcuse il y a trente ans dans un tout autre contexte, l'*unidimensionnalisation* de la vie intellectuelle et sociale.

3. Laïcité et « diffamation collective ».

– Mais nous ne sommes pas au bout de nos peines en ce qui concerne le concept de « diffamation collective ». La plupart des pays européens possèdent aujourd'hui dans leur arsenal juridique des dispositions antiracistes. Ces dernières ne condamnent pas seulement les *actes* inspirés par la haine « raciale », mais également l'expression d' *« opinions »*. Dans plusieurs pays européens – dont la France –, ce ne sont d'ailleurs pas seulement les propos racistes (« sale nègre », « sale bougnoule », etc.) qui tombent sous le coup de la censure, mais également la négation du génocide des Juifs (propos « révisionnistes » ou « négationnistes », niant

---

1. Importante ? On aurait pu demander sur ce sujet l'avis des catholiques, dont on sait combien ils sont divisés quant à l'application du magistère et aux questions éthiques en particulier.

l'existence des chambres à gaz). On peut discuter la légitimité des lois antirévisionnistes : la justice a-t-elle, sur ce point, à se substituer aux historiens ? S'il ne faut se faire aucune illusion sur la bonne foi des révisionnistes (ils sont plus ou moins clandestinement liés à l'extrême droite européenne), est-il pour autant souhaitable de s'en prendre de cette manière à des propos (intentionnellement) absurdes et d'une violence extrême, malgré leur apparence « scientifique », à l'égard des rescapés de la *Shoah* et de leurs proches ? La question est controversée. Mais il existe peu de gens aujourd'hui pour contester la légitimité de la répression des propos *directement* racistes. Or n'est-ce pas, même dans ce cas plus « clair », comme certains l'ont soutenu, mettre le doigt dans un redoutable engrenage en ressuscitant le concept de « diffamation collective » critiqué ci-dessus ? Si, soutiennent-ils, on peut attaquer de façon choquante les musulmans, les catholiques ou les francs-maçons, ne peut-on traiter de même les Juifs ou les Noirs ? Le refus de l'idée de diffamation collective, central dans l'argumentation des défenseurs de Rushdie, peut-il rigoureusement s'accommoder d'une condamnation de propos racistes, lesquels s'en prennent clairement à l' « honneur » d'un groupe ? C'est ici que la confusion est sans doute à son comble. En effet, il est nécessaire de faire une distinction nette entre les propos attaquant des idées (et atteignant donc, bien évidemment, indirectement leurs défenseurs) et ceux qui s'en prennent à la personne *avant qu'elle ait pu émettre quelque idée que ce soit*. Les premiers relèvent du régime de la discussion : toute idée doit pouvoir être exprimée, fût-ce la plus insupportable (c'est pourquoi un malaise subsiste toujours, chez les intellectuels libéraux, quant à la censure de propos, certes pervers et délirants, sur l'inexistence des camps de la mort). La raison d'une telle affirmation consiste en ceci que l'idée ne « colle » pas entièrement à celui qui l'émet. C'est l'une des présuppositions fondamentales de l'éthique laïque que de considérer l'individu comme capable d'autonomie, et par conséquent susceptible de s'arracher à la *doxa* qui l'a au moins partiellement constitué. Si bien que, quand on s'attaque à une idée, il est toujours possible pour celui qui la soutient de réagir, de contre-argumenter, au besoin de façon également « choquante » ; ou bien encore de *changer* d'idées, en se déclarant (c'est *aussi* cela, l'éthique de la discussion) convaincu par les arguments de l'attaquant. Bref, les idées sont au moins en principe « séparables » de la personne, même si, bien entendu, plus longtemps celle-ci les a acceptées sans critique, plus les idées « adhèrent » à elle. On ne sous-estimera pas non plus le profond traumatisme que peut causer, chez des individus naïvement et spontanément croyants, une critique directe, particulièrement choquante ou inquiétante, selon les termes de l'arrêt Handyside. Mais il reste que, sur ce point, l'État ne peut calquer sa position sur celle des groupes sensibilisés à la critique : c'est affaire de pédagogie que d'expliquer que la prise de distance par rapport aux opinions constitue une présupposition majeure des sociétés démocratiques, ou au moins la reconnaissance de ce qu'autrui peut légitimement se situer dans un espace de pensée « autre ».

4. Laïcité et répression du « discours » raciste. – Mais, alors, que penser des lois anti-racistes ? Ceux qui soutiennent que l'on refuse la diffamation collective en général pour mieux la réaffirmer dans le cas du discours raciste oublient ceci : que le racisme s'identifie à un acte d'expulsion *a priori* d'une catégorie de l'humanité ; que l'on n'a, bien entendu, pas demandé leur « opinion » aux enfants d'Izieu avant de les déporter vers Auschwitz, et que, de la même manière, l'apartheid ou la ségrégation aux États-Unis rejetaient les Noirs sud-africains ou américains pour une raison d'« appartenance » qui n'avait rien à faire avec quelqu'*idée* exprimée que ce soit. Pour parler en toute clarté, disons ceci : les propos de Rushdie s'en prennent, d'une façon d'ailleurs bien plus complexe et ambiguë qu'on ne l'a soutenu, à la *doctrine* musulmane (ou à une certaine interprétation qui en est donnée aujourd'hui). Le « discours » raciste récuse des individus *avant toute expression d'idées*. Là se trouve la différence. Je ne prétends pas qu'une telle analyse fournisse une justification absolue (en existe-t-il d'ailleurs ?) des lois réprimant les *propos* anti-racistes. Mais au moins peut-on soutenir à juste titre que le cas de Rushdie et celui du raciste doivent *par essence* être distingués : l'un parle librement, s'en prend à des idées, ne demande pas mieux que celles-ci soient partagées, et, pour le reste, laisse entièrement aux conservateurs (qui ne sont même pas ses « adversaires ») le droit de persister dans une croyance qu'il récuse pour sa part, pour lui-même et pour le lecteur qui, volontairement, aura choisi de le suivre un moment dans le travail interminable de la recherche de soi-même.

Or, récemment encore, une autre décision de la Cour européenne des droits de l'homme (affaire Jersild[1])

1. *Jersild contre Danemark*, décision du 23 septembre 1994.

a pris en quelque sorte le contre-pied de l'arrêt Otto-Preminger. Dans ce cas-ci, la Cour a considéré que la condamnation, pour incitation à la haine raciale, d'un journaliste qui avait interviewé de jeunes racistes et avait diffusé l'entretien sans l'« encadrer » par un discours de présentation, était disproportionnée. Sanctionner un journaliste pour avoir favorisé la diffusion de déclarations émanant de tiers dans un entretien handicaperait gravement, dit la Cour, la contribution de la presse aux discussions de problèmes d'intérêt général, bref mettrait en danger sa vocation critique. On voit donc que la Cour de Strasbourg a récemment en quelque sorte inversé les positions qui auraient dû être prises sur la base philosophique présentée plus haut : dans le cas d'une attaque se situant sur le plan des idées (le très classique *Concile d'amour* d'Oskar Panizza), elle a justifié la censure, tandis que dans celui d'une attaque contre les personnes (propos racistes explicites), elle a adopté une position plus libérale, soutenant que la condamnation du journaliste à une amende par les juridictions danoises pour complicité dans la diffusion des propos racistes avait violé son droit à la liberté d'expression garanti par l'article 10 de la Convention. Je ne conteste pas le libéralisme de l'arrêt Jersild – mais bien le « conservatisme » de l'arrêt Otto-Preminger. On voit donc à quel point, à propos de la « neutralité » de l'État en matière d'idées concernant la vie bonne (pierre d'angle de toute politique laïque), une clarification philosophique critique apparaît nécessaire. Il est en effet possible de saisir, sur de tels exemples, combien la définition abstraite d'un État non partie prenante aux débats « spirituels » doit être chaque fois concrétisée, avec le risque qu'une absence de réflexion suffisante sur les principes en jeu permette aux adversaires de la laïcité d'utiliser son propre langage – de se réclamer de l'État « neutre » pour exiger qu'il protège les groupes d'une atteinte à leur « honneur ».

Chapitre IV

QUELQUES PERSPECTIVES PHILOSOPHIQUES SUR LA LAÏCITÉ CONTEMPORAINE

I. – L'Europe et les deux laïcités

Il est sans doute temps de tirer quelques conclusions philosophiques relatives aux débats qui déchirent, souvent de façon confuse, les partisans de la laïcité en ce début du XXIe siècle. Il est question dans ces controverses des enjeux de la notion et, tout particulièrement, de la manière de répondre à la montée des intolérances et des intégrismes – ces courants qui incarnent la négation même des principes laïques. J'avais commencé cet ouvrage en distinguant, pour des raisons pédagogiques, deux acceptions du terme « laïcité ». La première exige une séparation radicale de l'État et des confessions ; la seconde, ou laïcité au sens large du terme, est reconnue – et très généralement mise en pratique – par les États démocratiques contemporains : elle associe le principe de la liberté de conscience à celui de la non-discrimination pour raisons religieuses (ou, plus largement, en raison d'engagements spirituels). L'État « appartient » à tout le peuple (le *laos*), et non aux partisans d'une conception de la vie bonne, fût-elle religieuse ou séculière. Certes, c'est à ce propos que les débats entre les défenseurs de cette laïcité « large » et les militants d'une laïcité rigoureusement « séparatrice » s'engagent. Nous avons vu au chapitre II que les relations entre l'Église et l'État varient fortement au sein de l'Union européenne. Il existe en Europe des pays de tradition protestante ou anglicane (mais aussi la Grèce, pays orthodoxe) dans lesquels une religion est plus ou moins « établie », voire officielle. D'autres pays vivent sous le régime des cultes reconnus. La France est radicalement séparatiste (mais elle subventionne les écoles privées, catholiques dans leur très grande majorité, et s'accommode du statut spécial de l'Alsace-Moselle). Il y a donc ceux qui défendent la souplesse et la pluralité des régimes, en s'en tenant aux principes de liberté de conscience et de non-discrimination (neutralité de l'État, et aujourd'hui de la société, par rapport à la religion professée). Et il y a ceux qui rêvent d'une extension du principe de séparation de type français à l'Europe, voire au monde. Encore radicalisent-ils cette séparation en contestant, au nom du principe « à école publique, fonds publics, à école privée, fonds privés », les subventions accordées, en vertu de la loi Debré, aux écoles confessionnelles. Les premiers ont pour eux l'ordre européen, tel qu'incarné à la fois par l'Union et par le Conseil de l'Europe. En effet, l'Union n'est pas compétente en matière de relations Églises/États, du moins directement. Indirectement, elle touche à cette matière[1], et elle le fera d'autant plus que la Charte des droits fondamentaux de l'Union européenne sera intégrée à la Constitution de l'UE. En ce qui concerne le Conseil de l'Europe et la Convention européenne des droits de l'homme adoptée en son sein, c'est via notamment l'article 9 relatif à la liberté

1. Voir sur ce point M. Ventura, *La laicità dell'Unione Europea. Diritti, Mercato, Religione, op. cit., passim.*

de conscience et l'article 14 (complété par le 12ᵉ Protocole) relatif à la non-discrimination que la Cour de Strasbourg aborde (très indirectement et très – trop ? – prudemment) la matière. Dans l'affaire Kokkinalis[1], qui opposait un Témoin de Jéhovah, accusé de prosélytisme, à l'État grec, la Cour a certes condamné la Grèce pour avoir réagi de façon disproportionnée à l'action illégale de Kokkinakis (le prosélytisme est interdit par la Constitution de ce pays), mais elle s'est refusée à se prononcer tant sur cette interdiction que sur la clause contestée de la Constitution, qui stipule que la « religion orthodoxe orientale du Christ » est la religion « dominante en Grèce ». C'est dire que les tenants de la laïcité « large » occupent une position assez forte en Europe[2] pour résister aux « assauts » de ceux qui voient dans le principe séparatiste l'alpha et l'oméga de la laïcité, et considèrent tous les autres régimes comme des approximations imparfaites – et critiquables comme telles – de l'idéal.

Encore ne faudrait-il pas que le débat entre laïcité « doctrinaire » (plus rigide et séparatiste) et laïcité « ouverte » (plus souple, plus « neutre » – et plus répandue) soit obscurci par des tentatives dont nous avons parlé plus haut, qui visent à recoloniser la sphère publique. Une laïcité ouverte ne peut se réduire à une laïcité molle, sauf à laisser croire que la fermeté des principes est l'apanage des radicaux et des intolérants. De plus, l'opposition de ces deux notions ne

---

1. *Kokkinakis contre Grèce,* décision du 25 mai 1993.
2. Pour une position récente de la Cour européenne des droits de l'homme en matière de laïcité, voir la décision *Refah Partisi (Parti de la Prospérité) et autres contre Turquie,* 31 juillet 2001 et 13 février 2003 (arrêt de la Grande Chambre).

permet pas de saisir correctement les différences entre régimes de laïcité – par exemple entre la France et les États-Unis.

II. – **La laïcité aux États-Unis**

Beaucoup d'ignorance et de confusion règne sur ce point. À certains égards, les États-Unis sont encore plus séparatistes que la France : les pouvoirs publics, par exemple, ne subventionnent pas les écoles confessionnelles. Le Premier Amendement à la Constitution des États-Unis ne mentionne pas, à strictement parler, la « séparation » : il contient seulement, notamment, les deux « clauses religieuses », à savoir le non-établissement des religions et la liberté de conscience[1]. C'est Jefferson qui, dans une lettre adressée à une association baptiste, avait parlé de la nécessité d'établir un « mur de séparation » entre l'État et les Églises (cette position était également celle de Madison)[2]. Une religion établie ne contredit pas nécessairement, comme nous l'avons vu, les principes de liberté de conscience et de non-discrimination, mais la Cour suprême des États-Unis a jusqu'ici considéré que tout

---

1. Premier Amendement à la Constitution des États-Unis : « Le Congrès ne fera aucune loi qui touche l'établissement ou interdise le libre exercice d'une religion, ni qui restreigne la liberté de la parole ou de la presse, ou le droit qu'a le peuple de s'assembler paisiblement et d'adresser des pétitions au gouvernement pour la réparation des torts dont il a à se plaindre. »
2. « I contemplate with sovereign reverence that act of the whole American people which declared that their legislature should 'make no law respecting an establishment of religion or prohibiting the free exercise thereof', thus building a wall of separation between church and State » (Jefferson, réponse à un comité de la Danbury Baptist Association [1802], citée dans *Reynolds v. United States* [1878]).

lien entre l'État et l'une ou l'autre Église, fût-il minime, ou toute subvention, fût-elle également distribuée entre les différentes « dénominations », porterait atteinte à la Constitution. On dit souvent qu'aux États-Unis l'État est laïque et la société religieuse. Il est vrai que ce pays pourrait, aux yeux de certains, constituer une réfutation vivante du principe webérien de « désenchantement du monde ». Alors que l'*unchurching of Europe*[1], y compris le Royaume-Uni, est un phénomène quasi général, la religion est florissante aux États-Unis. Tocqueville y voyait, dans les années 1830, une explication : les Églises n'ayant jamais été associées au pouvoir, elles ne pouvaient partager le discrédit éventuel subi par le pouvoir temporel, à l'opposé de la situation de l'Église catholique à la Révolution française[2]. La séparation, selon l'auteur de *La démocratie en Amérique,* constitue l'une des causes majeures de la subsistance des Églises et de la vitalité du sentiment religieux[3].

1. Voir S. Ashfield et N. Timms, *What Europe thinks. A Study of Western European Values,* Dartmouth, Adershot, 1992 (cité par M. Gauchet, *La religion dans la démocratie. Parcours de la laïcité, op. cit.,* p. 21).
2. « Je sais qu'il y a des temps où la religion peut ajouter à cette influence qui lui est propre la puissance artificielle des lois et l'appui des pouvoirs matériels qui dirigent la société. On a vu des religions intimement unies aux gouvernements de la terre, dominer en même temps les âmes par la terreur et par la foi ; mais lorsqu'une religion contracte une semblable alliance, je ne crains pas de le dire, elle agit comme pourrait le faire un homme : elle sacrifie l'avenir en vue du présent, et en obtenant une puissance qui ne lui est point due, elle expose son légitime pouvoir » (A. de Tocqueville, *De la démocratie en Amérique,* Paris, GF, 1981, vol. 1, p. 403-404).
3. John Rawls met bien en évidence cette question (J. Rawls, « The idea of public reason revisited », *The University of Chicago Law Review,* vol. 64, été 1997, n° 3, p. 795-796).

Une autre différence avec l'Europe – et en particulier avec la France – est constituée par l'invocation de Dieu, qui est courante dans les actes de la vie publique. Cette coutume américaine donne à la religion une visibilité qu'elle ne possède pas en Europe. Mais il faut observer immédiatement que cette référence est générale et abstraite, qu'elle est purement symbolique et vaut pour toutes les confessions, du moins les religions monothéistes. Ce qui place les agnostiques et les athées (voire les « polythéistes ») dans une situation relativement embarrassante, puisque les autorités de tout le *laos* se réfèrent à une entité spirituelle qui ne veut rien dire pour eux, qui sont par ailleurs membres à part entière du... *laos*. Il est tout à fait permis, aux États-Unis, d'être agnostique, voire athée, et de l'exprimer : le Premier Amendement (en l'occurrence, la clause de liberté d'expression) est en la matière très protecteur. Mais il est, pourrait-on dire, *sociologiquement difficile* dans ce pays de ne pas avoir de religion. La religion y est considérée comme un phénomène tellement normal que l'agnostique ou l'athée apparaissent au mieux comme des originaux. Pour résumer la question, je dirai que les États-Unis sont en un sens plus séparatistes que la France, mais que les différentes « dénominations » religieuses y sont infiniment plus actives et prospères, et que les pouvoirs publics invoquent un Dieu qui peut rassembler un grand nombre d'individus – sauf ceux qui n'y croient pas et le proclament. Mais cette incroyance n'a pas d'effets juridiques négatifs – elle peut seulement avoir des conséquences sociales désagréables. Les États-Unis sont sans doute bien plus « politiquement corrects » que les Européens dans les relations sociales entre citoyens. La Cour suprême, en tant que garante du Premier Amendement, l'est moins que les juridictions européennes, et en particulier que la Cour de Strasbourg. La condamnation de l'association Otto-Preminger, ou même de Jersild, voire de ses interlocuteurs racistes, est difficilement pensable de l'autre côté de l'Atlantique[1].

Que conclure d'une telle approche générale, sinon que la différence entre l'Europe et les États-Unis se laisse malaisément saisir à partir des catégories de laïcité « dure » et « ouverte » (ou « nouvelle ») ? Sur le plan des relations entre les Églises et l'État, l'Amérique est proche de la France ; mais en ce qui concerne la vitalité de la religion dans la société et son rôle symbolique dans certains actes de la vie publique, France et États-Unis sont très opposés.

III. – Les deux périls de la morale laïque

Il faut donc se garder de conférer à de telles oppositions un pouvoir explicatif trop important. Il en est de même d'ailleurs de l'opposition, utilisée au chapitre II, entre laïcisation et sécularisation. De ce point de vue, il est indispensable de se référer aux analyses très éclairantes qu'a données Marcel Gauchet de « la religion dans la démocratie ». Gauchet n'accorde pas de valeur explicative aux deux catégories jumelles et concurrentes de laïcisation et de sécularisation[2] : elles masquent un phénomène essentiel qui a consisté à

---

1. Voir sur ce point H. Schweber, *Speech, Conduct, and the First Amendment*, New York, Peter Lang, 2003.
2. « Je conteste la capacité explicative ou compréhensive des catégories de "laïcisation" ou de "sécularisation", je ne conteste pas leur pertinence descriptive... » (M. Gauchet, *La religion dans la démocratie, op. cit.*, p. 18).

réinsuffler des éléments religieux dans un monde qui a progressivement chassé la religion de la sphère publique. Le cas des religions séculières (en particulier le communisme), qui promettaient un salut sur terre à la fin de l'Histoire plutôt que dans l'au-delà et la vie éternelle, est trop connu pour que nous y insistions ici[1], d'autant que ses attentes millénaristes se sont soldées par une catastrophe et un échec total. Mais c'est dans la démocratie même que la dimension sacrée, donc « religieuse », s'est perpétuée : en France, l'État républicain a constitué un véritable substitut du sacré – un sacré « laïque » en quelque sorte –, objet d'un engagement et d'une loyauté fervents de la part des citoyens (et pas seulement des « hussards noirs de la République »). C'est l'école qui devait former des citoyens au travers, d'abord et avant tout, d'une éducation à la morale laïque, supposée remplacer l'instruction religieuse et la morale qu'elle promouvait, valable pour une partie seulement du *laos*. Mais la métaphore du tout et de la partie ne permet pas de saisir correctement l'investissement en faveur de l'État républicain : celui-ci n'a pas seulement constitué une sorte d'arbitre bienveillant entre les valeurs en compétition – il a concentré en lui les valeurs d'intérêt général, de bien commun et d'action politique au sens élevé du terme. C'est la raison pour laquelle cette dimension d'engagement, de rapport aux principes et de « sacré » a été consubstantielle au combat laïque contre l'intolérance religieuse et contre la volonté, que cette dernière incarnait, de s'approprier la chose publique.

1. Voir R. Aron, *L'opium des intellectuels,* Paris, Hachette, 2002.

J'ai parlé plus haut des problèmes posés par le concept de « morale laïque », supposé fournir la base éthique et philosophique de l'engagement laïque. Nous avons vu qu'une alternative ruineuse devait être évitée pour que la morale laïque possède un sens positif et critique. Ou bien elle était trop « mince » et se réduisait à un code de bonne conduite, de respect mutuel et de *political correctness* : dans ce cas, il fallait absolument éviter, comme semblait le vouloir Jules Ferry – du moins pour l'école –, les questions qui fâchent et divisent. Mais le risque était double : d'une part, de réduire l'engagement politique, la discussion et la décision relatifs aux difficiles questions d'intérêt général, au plus petit dénominateur commun ; d'autre part, de pousser la tolérance à un point tel que l'arrêt Otto-Preminger semblerait devenir la loi des relations humaines contemporaines, ce qui mènerait quasi inéluctablement à l'atonie du débat et à la mort de la controverse, si vitale pour les démocraties. Ou bien – autre branche de l'alternative – la morale laïque était conçue dans un sens militant et dogmatique, au risque cette fois de la « délaïciser » en la livrant pieds et poings liés à une fraction du *laos* : les libres-penseurs et les « bouffeurs de curés » ; les socialistes ; les libertariens ; les écologistes ; les religieux « ouverts », certains d'entre eux n'étant jamais en reste en matière de récupération[1]. Comme nous vivons dans des sociétés largement pluralistes – ce qui constitue un effet non négligeable de la liberté de conscience et du refus de l'imposition, par en haut, d'une Vérité morale

---

1. Mais il est des ouvertures sincères et non récupératrices. Voir G. Ringlet, *L'Évangile d'un libre-penseur. Dieu serait-il laïque ?*, Paris, Albin Michel, coll. « Espaces libres », 2002 (1re éd., 1998).

unique –, il va de soi que les définitions de la morale laïque seront, si l'on n'y prend garde, rattachées de façon plus ou moins « clandestine » à des conceptions particulières du bien spirituel ou politique. Si bien que cette morale dont la laïcité attendait tant risque de refléter simplement les rapports de forces idéologiques de l'époque.

Or, c'est sur ce point qu'une clarification s'impose. Elle a été bien présentée par Henri Peña-Ruiz dans son livre *Dieu et Marianne*[1]. La morale laïque, ce n'est ni l'abstention prudente et molle prônée par Ferry, ni le dogmatisme de ceux qui masquent sous des dehors universalistes leurs valeurs et idéologies particulières. Dans les deux cas, elle perdrait tout sens. Certes, il y a des avantages et des inconvénients associés aux deux positions : l'abstentionnisme et la tolérance autocensurante évitent le dogmatisme et le danger des religions séculières, c'est-à-dire le réinvestissement de la sphère publique par une ou des conceptions particulières du Bien. Mais la faiblesse majeure d'une telle position réside en ceci qu'elle laisse décisivement la voie libre à cette « Sainte-Alliance » des Églises qu'Alain Finkielkraut avait, il y a quelque temps déjà, à juste titre stigmatisée. Si la sphère publique ne bénéficie que d'un investissement moral et intellectuel minimal sans engagement ni loyauté « forts », les grandes questions d'intérêt général feront l'objet d'accords entre communautés, les seules à garder une « réserve » de loyauté que renforce, selon certains auteurs, la mondialisation actuelle et l'affaiblissement de l'État. Il ne faudrait pas que cet affaiblissement, peut-être inéluctable étant

---

1. H. Peña-Ruiz, *Dieu et Marianne. Philosophie de la laïcité, op. cit.,* en particulier p. 325 sq.

donné les tendances « lourdes » qui l'accompagnent, soit en quelque sorte aggravé par la confusion régnant à propos des soubassements moraux et intellectuels de l'engagement laïque. Sommes-nous dès lors au rouet, écartelés entre une morale laïque inexistante, trop faible pour contrebalancer les loyautés « chaudes » de la société civile, et une morale laïque trop forte, trop particulariste, trop dogmatique ? Dans les deux cas, la laïcité serait décisivement perdante : ou bien elle ne pourrait résister à la recolonisation de la sphère publique par les représentants (souvent autoproclamés) d'une conception du Bien particulière, ou bien – second cas de figure – la morale qui la sous-tend deviendrait elle-même particulière, relative, « sociologique », ballottée au gré des mouvements idéologiques. Bref, dans les deux cas, le préjugé et le particulier risqueraient de régner sur un *laos* à nouveau en état de servitude, cette dernière fût-elle – temporairement ? – molle et douce, bref « démocratique ».

IV. – La séparation du juste et du bien

C'est la raison pour laquelle il est aujourd'hui essentiel de réfléchir aux fondements philosophiques de l'idéal laïque. Il y a déjà plus de trente ans, le philosophe américain John Rawls publiait un livre qui serait rapidement voué à la célébrité : *A Theory of Justice*[1]. Ce qui nous intéressera dans l'œuvre de Rawls, c'est avant tout une volonté de définir les principes de justice qui doivent sous-tendre nos sociétés pluralistes

---

1. J. Rawls, *A Theory of Justice,* Cambridge (Mass.), Harvard University Press, 1971 ; trad. franç. : *Une théorie de la justice,* Paris, Éd. du Seuil, 1987.

indépendamment de toute conception du bien. Si le pluralisme doit être accepté comme étant intrinsèquement lié à la liberté de conscience, la justice, qui vaut pour tous, ne peut dépendre d'une conception particulière : cette idée du juste serait alors nécessairement considérée comme légitime par les partisans de cette dernière, mais comme illégitime par les autres, qui ne pourraient la « déduire » de leurs visions respectives de la vie bonne et la vivraient comme imposée de l'extérieur – dans l'*hétéronomie*. Cette théorie de la *séparation du juste et du bien* est à la base de la conception rawlsienne : c'est elle qui sous-tend les idées de « position originelle » et de « voile d'ignorance », centrales pour la *Théorie de la justice*. Rawls voulait en effet renouer avec la tradition philosophique, tombée en désuétude, du contrat social : les principes légitimes sur la base desquels organiser une société et définir les règles d'intérêt général qui doivent la gouverner doivent dépendre du consentement du peuple *(laos)* et non de celui d'une partie de ce dernier. Mais comment trouver ces principes si chacun a, légitimement, tendance à tirer la « couverture » à soi et à vouloir définir la justice à partir de sa propre vision globale du Bien ? Il faut, pour arriver à un consensus, faire *comme si* nous ne connaissions pas notre conception de la vie bonne. En d'autres termes, il ne faut pas en tenir compte. Rawls a été à l'époque marqué par les théories du jeu : en jouant, nous faisons « comme si » nous avions oublié certains éléments de la vie « sérieuse », nous nous comportons en partenaires et adversaires – bref, *jouons* des rôles définis à l'avance par les règles. Savoir jouer présuppose une capacité de prendre ses distances par rapport à ce que l'on est, c'est-à-dire, avant tout, par rapport aux valeurs et engagements dans lesquels nous « baignons ». La référence à la *game theory* est donc bien moins triviale qu'elle n'apparaît au premier abord : en ce début du XXIe siècle, nous savons ce que coûtent, en termes de liberté, de laïcité et de droits de l'homme, les fantasmes d'identification totale de l'individu à sa communauté et à sa foi ; Sartre appelait cela « l'esprit de sérieux ». C'est cette mentalité qui rend insupportables l'humour, la distance, la critique – bref le « jeu » – de Salman Rushdie. Une autre source de la théorie rawlsienne est constituée par la *procédure :* cette dernière notion implique que nous respections certaines règles et contraintes pour arriver à un résultat (on ne peut pas tout faire ni tout dire de façon à l'obtenir – dans la procédure pénale, par exemple, les règles protègent le prévenu et favorisent l'établissement de la vérité). La position originelle de Rawls constitue une hypothèse ou une fiction – un « jeu » si l'on veut, une procédure librement adoptée – par laquelle nous décidons de ne pas tenir compte des conceptions du bien qui nous séparent légitimement, mais nous empêchent, par leur pluralité même, d'arriver à une conception commune de la justice qui soit plus qu'un compromis, c'est-à-dire une « Sainte-Alliance » des conceptions du Bien. Si nous voulons que les principes de justice fassent l'objet d'une adhésion principielle et non d'un compromis de ce type, il nous faut, dans cette position « originelle » (le point de départ que nous choisissons de prendre, le « jeu » que nous décidons de jouer), mettre nos conceptions du bien sous voile d'ignorance. Sans entrer dans les détails de cette *Théorie de la justice* que Rawls a depuis révisée sur bien des points, nous pouvons dire que la séparation du juste et du bien qui se situe en son centre constitue le pendant philosophique de la laïcité. On pourra certes y voir le fondement de la séparation de l'Église et de l'État – bref, d'une conception « française » et « américaine » de la laïcité –, mais il n'est pas nécessaire d'aller jusque-là : un État qui définirait ses principes d'action et la façon de traiter ses citoyens (la justice) sans référence à une conception religieuse ou spirituelle particulière qui serait privilégiée ferait tout à fait l'affaire. En d'autres termes, la séparation du juste et du bien constitue incontestablement une condition nécessaire de la laïcité au sens large du terme (elle est bien sûr aussi compatible avec une conception plus strictement séparatiste de l'État et des Églises, mais elle ne l'exige pas). Cette condition est-elle pour autant suffisante ? Il semble bien que non, et ce « défaut » constitue l'une des motivations principales des modifications importantes qu'a subie la théorie de Rawls au cours de ces trente dernières années.

La séparation du juste et du bien est comprise explicitement en termes négatifs : le voile d'ignorance constitue une métaphore rendant sensible l'idée de « ne pas tenir compte de... », qui est tellement essentielle à l'idée de neutralité de l'État et du service public (et même de la société, au fur et à mesure des progrès de la lutte contre la discrimination). Mais cette séparation ne dit rien du lien de loyauté « forte » qui devrait engager les citoyens envers cet État juste. S'ils ne peuvent tenir compte de leurs conceptions du bien pour définir la justice, d'où tireront-ils les ressources motivationnelles de leur engagement citoyen et « républicain » ? C'est en particulier sur ce point que les philosophes communautariens et républicains ont contesté l'approche rawlsienne. À l'idée d'une « république procédurale », Michael Sandel a par exemple opposé l'idée d'une « république du bien commun »[1]. Les termes indiquent clairement l'alternative : soit un État dont les principes sont engendrés en vertu d'une procédure telle que celle de la position originelle et du voile d'ignorance ; soit un État dont les principes sont engendrés par une référence des citoyens à un bien commun qui constitue une sorte de « décantation » des conceptions individuelles du bien. En fait, pour les communautariens, le lien entre bien individuel et bien commun relève des traditions collectives : ils soulignent la dépendance – et la dette – des conceptions individuelles à l'égard des ressources culturelles communautaires en fonction desquelles elles se définissent nécessairement. On comprend alors comment le « bien commun » des communautariens peut faire l'objet d'un engagement citoyen fort, lié à un contexte de valeurs et de loyautés dont la dimension concrète et historique fait justement la substance même. Mais ce que l'on gagne en termes de loyauté, de morale et d'engagement, on risque de le perdre en termes de laïcité : l'avantage de la procédure rawlsienne, c'est qu'elle jette les bases d'un État citoyen, dont les principes de justice ne sont pas définis par rapport à une conception particulière, concrète et historique du bien. Rawls se réfère primordialement à Kant : il s'agit de définir des principes de justice fondamentalement moraux – une « morale laïque », dans notre terminologie française – qui permettront à des individus qui pensent différemment à propos du sens ultime de la vie (et de bien d'autres choses) de se rassembler dans une

---

1. Voir M. Sandel, *Democracy's Discontent. America in Search of a Public Philosophy*, Cambridge (Mass.), The Belknap Press of Harvard University Press, 1996.

« communauté de citoyens ». Le gain en force motivationnelle ne peut être compensé par une perte en généralité d'adhésion, bref en laïcité. C'est l'alternative à laquelle a été confronté Rawls, et qu'il a tenté de dépasser dans ses œuvres ultérieures, dont *Political Liberalism,* publié en 1993, mais également dans de nombreuses mises au point.

Rawls a donc entendu le message communautarien, mais il y a répondu à sa manière, en préservant l'essentiel des acquis de la *Théorie de la justice.* Il a tenté de prendre à bras-le-corps le problème de la *motivation* et de l'engagement citoyens, qui était au cœur de l'objection communautarienne-républicaine. La *Théorie de la justice* flottait pour ainsi dire en l'air : une fois « oubliés » les engagements et loyautés liés aux conceptions particulières du bien, les individus, dotés d'un sens de la justice, acceptaient les principes « laïques » d'organisation de la société et décidaient de s'y tenir parce qu'ils s'y étaient engagés à l'avance. La loyauté est ici relative aux « règles du jeu » et à la « promesse » de ne pas les transformer en cours de partie si l'on s'aperçoit que les résultats ne servent pas nos intérêts. Mais cette loyauté procédurale est pour ainsi dire déconnectée des engagements plus « chauds », dans la mesure où c'est précisément pour éviter que l'une ou l'autre de ces loyautés « chaudes » domine tout le *laos* que Rawls, en 1971, avait décidé de ne pas en tenir compte pour définir les principes de justice, qui doivent rassembler la totalité des citoyens. Mais quelles seront alors les ressources motivationnelles à partir desquelles l'individu adhérera aux principes de justice et aux sacrifices inévitables qu'ils impliquent ? C'est ici que la solution de Rawls montre tout son intérêt. Il n'est pas question pour lui d'en revenir à une fusion du juste et du bien, pour la raison précise que le juste doit être « un » (le même pour tous), tandis qu'il y a « des » conceptions du bien dans une société pluraliste. Mais il ne peut s'en tenir, non plus aux arguments développés dans la *Théorie de la justice*, puisque se pose alors le problème de la motivation et de l'engagement. Nous retrouvons ici, dans ce problème philosophique auquel s'est trouvé confronté le philosophe américain, l'alternative ruineuse qui a déchiré pendant si longtemps, jusqu'à aujourd'hui, les partisans de la morale laïque. En effet, ne peut-on comprendre la première version de la théorie rawlsienne comme faisant écho – sans, bien entendu, que l'auteur en soit conscient – à la lettre de Ferry aux instituteurs ? Le ministre de l'Instruction publique parlait en termes d'abstention : imaginez les parents présents dans votre classe et évitez d'aborder quelque sujet que ce soit dont vous imaginez qu'il pourrait les choquer. Faites *comme si* vous n'aviez pas d'idées sur la religion, pas de conception controversée du sens ultime de la vie, bref prétendez « ignorer » tous ces sujets qui divisent profondément les citoyens. Ne sommes-nous pas en présence ici, avant la lettre, de la théorie rawlsienne du voile d'ignorance ? Et quand Buisson répond qu'il faut au contraire choisir entre l'école rationaliste et l'école cléricale, et qu'il n'y a pas, selon ce protestant libéral et libre-penseur, entre les deux de compromis ou de juste milieu, ne voit-on pas poindre, non peut-être dans les intentions de Buisson, mais dans les effets possibles d'une proposition dogmatiquement interprétée, le risque « communautarien » ? En l'occurrence, le danger n'est-il pas dans l'arrimage de la laïcité à une tradition particulière se prétendant universelle, comme l'athéisme, le socialisme, le libertarisme ou à l'inverse la « Sainte-Alliance » des confessions ? Je pense que Rawls nous offre ici une perspective de sortie du « piège Ferry/Buisson », qui n'est d'ailleurs pas sans analogie avec les propositions, plus directement centrées sur le cas français, de Peña-Ruiz. Comment procède-t-il ?

V. – Le consensus par recoupement et la laïcité

Dans *Political Liberalism*[1] et les articles qui l'ont suivi[2], Rawls propose notamment l'idée d'un « consensus par recoupement » *(overlapping consensus)*. Il définit sa théorie comme « purement politique », c'est-à-dire, selon lui, non liée à des thèses morales, religieuses et métaphysiques qu'il appelle désormais *comprehensive conceptions of the good*. Le mot *comprehensive* signifie « global ». Ici, Rawls insiste sur un aspect différent des conceptions du bien : elles sont à la fois plus particulières que la conception de la justice (supposée valoir pour tous), et plus profondes, plus englobantes, plus « motivantes » dans la mesure où elles concernent les engagements existentiels et les valeurs fondamentales de la vie, et non la « chose publique », plus éloignée et plus abstraite (du moins dans les sociétés contemporaines, par opposition à la « chaleur » caractéristique du face-à-face de la démocratie directe en Grèce et de la « Li-

---

1. J. Rawls, *Political Liberalism,* New York, Columbia University Press, 1993 ; trad. franç. : *Libéralisme politique,* Paris, PUF, 1995.
2. Dont J. Rawls, « The idea of public reason revisited », art. cité.

berté des Anciens » définie – et critiquée – par Benjamin Constant[1]). Le fait que les conceptions du Bien soient particulières signifie seulement qu'elles ne sont pas partagées par tous et que l'on veut, dans les sociétés contemporaines, adhérer à des principes de justice valables pour tous. Cet état de choses n'implique nullement que de telles conceptions soient moins « importantes ». Au contraire, c'est de leur sein, dit Rawls, suivant en cela – jusqu'à un certain point – le raisonnement communautarien, qu'émergent les motivations et engagements forts. L'argument central des libéraux (et Rawls est par excellence le philosophe du libéralisme politique) a toujours consisté à soutenir qu'il fallait se méfier des communautés, en particulier religieuses (mais les religions séculières du communisme ou de la Nation ne posent pas moins de problèmes), parce qu'elles risquaient toujours d'« aspirer », pour ainsi dire, la loyauté due à l'État de droit vers des engagements plus chauds et infiniment moins « libéraux » et tolérants. Benjamin Barber a même écrit sur ce sujet un livre fondamental[2] dans lequel il montre à l'œuvre, au sein du monde contemporain, un renforcement des communautés intolérantes lié à la mondialisation, laquelle affaiblirait décisivement les États, seuls lieux, jusqu'à présent, de la démocratie et d'un respect global et institutionnalisé des droits de l'homme

---

1. Voir B. Constant, *De la liberté chez les Modernes* (M. Gauchet, éd.), Paris, Hachette, 1989. Le Discours sur la Liberté des Anciens et des Modernes date de 1819.
2. Voir B. Barber, *Jihad vs. McWorld : How Globalism and Tribalism are Reshaping the World*, New York, Ballantine Books, 2e éd., 2001 ; trad. franç. : *Djihad versus McWorld. Mondialisation et intégrisme contre la démocratie,* Paris, Le Livre de poche, coll. « Pluriel », 2001 (1re éd., Paris, Desclée de Brouwer, 1996).

et de la laïcité, du moins *sensu lato.* Bien entendu, il y a et il y a eu une *hubris* de l'État qui a mené aux pires excès dictatoriaux, voire totalitaires ; mais il reste, selon Barber, que le seul contre-feu existant à l'État totalitaire et aux communautés intolérantes est l'État de droit démocratique. On comprend donc, au vu de tendances mondiales qui façonneront à n'en pas douter le début du XXIe siècle, à quel point la *Théorie de la justice* reflétait l'obsession du libéralisme politique[1] : la méfiance à l'égard des communautés et de leur volonté toujours sous-jacente de (re)coloniser un espace public qu'elles ont perdu dans le processus de laïcisation et de sécularisation des États et des sociétés.

Ainsi la laïcité a-t-elle besoin des « conceptions globales du Bien » auxquelles adhèrent les individus (mais surtout également les communautés sub-étatiques), et elle doit en même temps s'en méfier. Leurs ressources motivationnelles lui sont indispensables, mais la force des attachements qu'elles suscitent risque d'« évider » la loyauté due à l'État de tous les citoyens. Et il ne s'agit pas seulement d'une relation « verticale » entre les individus et l'incarnation, idéalement parlant, des principes de la justice. Il s'agit peut-être surtout d'une relation « horizontale » *entre* citoyens. Ces derniers sont en effet supposés se considérer mutuellement – c'est la définition même de la citoyenneté – comme libres et égaux, en ce qui concerne du moins leur capacité de

---

1. Libéralisme *politique,* entendons-nous bien. La mondialisation que critique Barber est à maints égards basée sur une idée du libéralisme *économique* dont on pourrait s'apercevoir que, poussée à bout, considérant l'État et le politique comme une simple entrave, elle détruit ses propres bases.

définir les règles de la vie en commun, bref l'ordre de la *polis*. Or, si leur loyauté essentielle va à des groupes particuliers aux engagements plus « motivants » parce que plus proches, plus immédiats, plus immédiatement sensibles et compréhensibles, ils ne pourront que très difficilement se reconnaître *par-delà* ces affiliations comme libres et égaux, capables de construire un monde non déterminé par des allégeances particulières, lesquelles s'imposeraient nécessairement par la force à ceux qui ne les partageraient pas. On peut parler du « traumatisme de la laïcisation » : cette expression signifie que l'on demande aux individus, quand un choix doit avoir lieu entre leurs engagements communautaires et la justice citoyenne du *laos*, de faire catégoriquement primer cette dernière. <u>Or, quand les communautés sont, comme c'est le cas pour le problème qui nous occupe, basées sur une croyance religieuse forte, la soumission de la loi de Dieu à la loi des hommes apparaît au moins au premier abord comme absurde et traumatisante</u>. Et pourtant, ce que découvre Rawls après la *Théorie de la justice* et les critiques partiellement légitimes dont elle a fait l'objet, c'est que la justice *a besoin* des conceptions du bien pour leur « emprunter » leurs ressources de loyauté.

Il n'est évidemment pas question d'une continuité « idyllique » entre la loyauté due aux groupes restreints et celle qui est due à la communauté laïque, laquelle s'élargit potentiellement, sur le modèle des droits de l'homme, à l'humanité entière. Mais Rawls comprend, dans la deuxième étape de son investigation, qu'il ne suffit pas de « retrancher » la théorie de la justice des conceptions du bien pour stabiliser une société « laïque ». La loyauté procédurale est trop faible, il en convient. Mais les loyautés communautaires sont particularistes et, qui plus est, souvent exclusives. Les dieux sont jaloux. Rawls propose, pour échapper à ce qui finit par ressembler à un dilemme, la notion de « consensus par recoupement ». Les principes de justice sont toujours définis indépendamment des conceptions du bien, sans quoi l'*hétéronomie* régnerait. Mais, cela fait, les individus sont pour ainsi dire invités à se « retourner » vers leurs engagements particuliers, de façon à y retrouver les ressources motivationnelles qui conféreront – si tout va bien – à leur engagement pour la justice et à leur loyauté citoyenne un contenu « fort »[1]. Chacun est supposé trouver au sein de sa propre communauté des motivations lui permettant d'adhérer aux principes de justice. Il existe donc un consensus entre les individus – puisqu'ils adhèrent aux mêmes principes « laïques » –, mais les raisons de ce consensus seront nécessairement variées dans une société pluraliste. Il y aura un « recoupement » des engagements, qui convergeront vers l'adhésion aux principes de justice à partir de contextes motivationnels différents. Dans le fond, cette théorie de l'*overlapping consensus* revient à demander aux citoyens de trouver dans leur traditions des ressources libérales à partir desquelles ils pourront adhérer « fortement » aux valeurs laïques. Je l'ai rapidement indiqué plus haut : l'athée est invité à interpréter la tradition de la libre-pensée et de l'humanisme sans Dieu au meilleur d'elle-même, en se fondant par exemple sur la tolérance sceptique de Montaigne, ou

1. Cet argument est développé par Rawls dans J. Habermas et J. Rawls, *Débat sur la justice politique*, Paris, Le Cerf, 1997, p. 68-71.

sur une autre référence appropriée ; le chrétien se référera à l'universalité du message divin, à la charité, au « rendez à César ce qui est à César... ». On pourrait raisonner de la même manière pour le Juif, le musulman, le bouddhiste...

Ce qu'une telle théorie a selon moi de plus fécond en même temps que de plus problématique, c'est qu'on peut considérer qu'elle n'envisage pas *a priori* la laïcité comme un concept « occidental », ni, pire encore, décisivement dépendant de la tradition chrétienne. Le pari « rawlsien » – que j'interprète dans une perspective qu'il n'aurait peut-être pas reconnue comme sienne – consiste à vouloir *produire* ce recoupement en reconnaissant le double danger d'une soumission aux communautés (donc d'une recolonisation de la sphère publique) et d'une relation à la justice qui ne serait que théorique parce que trop « mince » et procédurale. Le pari d'une libéralisation des traditions religieuses est au cœur du débat contemporain entre ce que Samuel Huntington[1] appelle les « civilisations » : soit elles s'opposeront dans des combats mortifères dont le terrorisme islamiste nous donne aujourd'hui un avant-goût très amer, soit elles seront capables de dépasser le « dialogue » bien-pensant prôné par tant d'institutions internationales et de « bonnes volontés » plus ou moins intéressées, pour poser la question de la *libéralisation des traditions.* Un consensus par recoupement est-il possible ? Il indique en tout cas une des seules voies praticables et prometteuses (même si elle est éminem-

---

1. Voir S. Huntington, *The Clash of Civilizations and the Remaking of World Order,* New York, Simon & Schuster, 1996 ; trad. franç. : *Le choc des civilisations,* Paris, Odile Jacob, 1997.

ment périlleuse) en direction d'une laïcité à la hauteur des enjeux de l'époque. La laïcité n'évitera pas le cheminement difficile entre le Charybde des engagements particularistes et le Scylla d'une justice citoyenne abstraite.

BIBLIOGRAPHIE

Badinter R., *Libres et égaux. L'émancipation des Juifs (1789-1791)*, Paris, Fayard, 1989.
Barber B., *Djihad versus McWorld. Mondialisation et intégrisme contre la démocratie*, Paris, Le Livre de poche, coll. « Pluriel », 2001 (1re éd., Paris, Desclée de Brouwer, 1996).
Barbier M., *La laïcité*, Paris, L'Harmattan, 1995.
Bartier J. et Cambier G. (éd.), *Laïcité et franc-maçonnerie*, Bruxelles, Éd. de l'Université, 1981.
Baubérot J., *Vers un nouveau pacte laïque ?*, Paris, Éd. du Seuil, 1990.
– *Histoire de la laïcité française*, Paris, PUF, coll. « Que sais-je ? », 2000.
– (sous la dir. de), *Religions et laïcité dans l'Europe des Douze*, Paris, Syros, 1994.
Bedouelle G. et al., *Une République, des religions. Pour une laïcité ouverte*, Paris, Éd. Ouvrières, 2003.
Béji H. et al., Derrière le foulard, in *Le Débat*, Paris, Gallimard, janvier-février 1990, n° 58.
Beresniak D., *La laïcité*, Paris, J. Grancher, 1990.
Bergougnioux A. et al., « L'école républicaine, maîtres et élèves », in *Le Débat*, Paris, Gallimard, mars-avril 1991, n° 64.
Boussinesq J., *La laïcité française*, Paris, Éd. du Seuil, coll. « Points-Essais », 1994.
Champion F., « Entre laïcisation et sécularisation. Des rapports Église-État dans l'Europe communautaire », in *Le Débat*, Paris, Gallimard, novembre-décembre 1993, n° 77, p. 46-72.
Cheref-Khan C. et Lemaire J., *Islam et musulmans dans l'espace européen : défis de la laïcité*, Bruxelles, Éd. Espaces de libertés - La Pensée et les Hommes, 2003.
Colliard C.-A., *Libertés publiques*, Paris, Dalloz, 7e éd., 1989.
– *Conceptions divergentes de la laïcité ?*, in *Réseaux*, Mons, 1984, n° 44-45.
Constant B., *De la liberté chez les Modernes* (M. Gauchet, éd.), Paris, Hachette, 1989.
Costa-Lascoux J., *Les trois âges de la laïcité*, Paris, Hachette, 1996.
Dartevelle P., Denis P. et Robyn J. (éd.), *Blasphème et libertés*, Paris, Éd. du Cerf, 2e éd., 2003.
Gauchet M., *La religion dans la démocratie. Parcours de la laïcité*, Paris, Gallimard, coll. « Folio-Essais », 1998.
Haarscher G. (éd.), *Laïcité et droits de l'homme : deus siècles de conquête*, Bruxelles, Éd. de l'Université, 1989.

Habermas J. et Rawls J., *Débat sur la justice politique,* Paris, Le Cerf, 1997.
Hasquin H. (dir. scientifique), *Histoire de la laïcité en Belgique,* Bruxelles, La Renaissance du livre, 3e éd., Bruxelles, Espaces de libertés, 1994.
Huntington S., *Le choc des civilisations,* Paris, Odile Jacob, 1997.
Joly R., *Origines et évolution de l'intolérance catholique,* Bruxelles, Éd. de l'Université, 1986.
Kessler D., Laïcité : du combat au droit, in *Le Débat,* Paris, Gallimard, novembre-décembre 1993, n° 77, p. 95-101.
Labrusse R., *La question scolaire en France,* Paris, PUF, coll. « Que sais-je ? », 1977.
Lassieur P., *La laïcité est-elle la neutralité ? Histoire du débat : depuis 1850 jusqu'aux manuels de philosophie aujourd'hui,* Paris, De Guibert, 1995.
Lemaire J., Susskind S. et Goldschläger A. (éd.), *Judaïsme et laïcité,* Bruxelles, Éd. de l'Université, 1988.
– *Nouveaux enjeux de la laïcité,* préface de R. Rémond, Paris, Centurion, 1990.
Nouailhat R., *Enseigner le fait religieux. Un défi pour la laïcité* (préface de R. Debray), Paris, Nathan, 2003.
Ognier P., « Ancienne ou nouvelle laïcité ? Après dix ans de débats », in *Esprit,* Paris, août-septembre 1993.
Peña-Ruiz H., *Dieu et Marianne. Philosophie de la laïcité,* Paris, PUF, 1999.
– *Qu'est-ce que la laïcité ?,* Paris, Gallimard (Folio-« Actuel »), 2003.
– (éd.), *La laïcité* (textes choisis et présentés), Paris, GF (« Corpus »), 2003.
Poulat E., *Liberté, laïcité. La guerre des deux France et le principe de la modernité,* Paris, Le Cerf, 1987.
Rawls J., *Une théorie de la justice,* Paris, Éd. du Seuil, 1987.
– *Libéralisme politique,* Paris, PUF, 1995.
– The idea of public reason revisited, *The University of Chicago Law Review,* vol. 64, été 1997, n° 3.
Ringlet G., *L'Évangile d'un libre-penseur. Dieu serait-il laïque ?,* Paris, Albin Michel, coll. « Espaces libres », 2e éd., 2002.
Sandel M., *Democracy's Discontent. America in Search of a Public Philosophy,* Cambridge (Mass.),The Belknap Press of Harvard University Press, 1996.
Thierry P., *La tolérance. Société démocratique, opinions, vices et vertus,* Paris, PUF, 1997.
Ventura M., *La laicità dell'Unione Europea. Diritti, Mercato, Religione,* Turin, Giappichielli, 2001.
Zakariya F., *Laïcité ou islamisme : les Arabes à l'heure du choix,* Paris, La Découverte, 1991.

TABLE DES MATIÈRES

Introduction   3

Chapitre I – **La laïcité française**   8

    I. L'Ancien Régime et le gallicanisme, 8 – II. La Révolution et la Constitution civile du clergé, 11 – III. Une première séparation, 13 – IV. Le régime concordataire, 14 – V. La loi de 1905, 18 – VI. La constitutionnalisation de la laïcité, 21 – VII. La question scolaire, 25 – VIII. Les exceptions au droit commun de la laïcité : l'Alsace et la Moselle, 36 – IX. L' « affaire du *foulard islamique* », 38.

Chapitre II – **La laïcité dans les pays de l'Union européenne**   46

    I. Les pays de tradition catholique, 47 – II. Les pays de tradition protestante, 57 – III. Le multiconfessionalisme, 61 – IV. La religion comme élément de l'identité nationale face à un ennemi extérieur, 66.

Chapitre III – **Analyse du concept de laïcité : complexité et paradoxes**   72

    I. La laïcisation antireligieuse, 73 – II. Quelle garantie du lien social : religion ou morale laïque ?, 77 – III. Laïcité, libéralisme et citoyenneté, 79 – IV. La « nouvelle laïcité », 82 – V. Liberté religieuse et liberté d'expression, 86.

Chapitre IV – **Quelques perspectives philosophiques sur la laïcité contemporaine**   99

I. L'Europe et les deux laïcités, 99 – II. La laïcité aux États-Unis, 102 – III. Les deux périls de la morale laïque, 105 – IV. La séparation du juste et du bien, 109 – V. Le consensus par recoupement et la laïcité, 116

Bibliographie   123

Imprimé en France
par Vendôme Impressions
Groupe Landais
73, avenue Ronsard, 41100 Vendôme
Janvier 2004 — N° 50 839